하룻밤에 읽는

이스라엘 왕조실록

하룻밤에 읽는

이스라엘 왕조실록

강학종 지음

베드로서원

목차

✡

머 리 말

　창세기, 출애굽기, 레위기, 민수기, 신명기를 모세5경이라고 합니다. 창세기가 어떤 책인지 물으면 아마 하나님이 천지를 창조한 기록이라는 답이 가장 많이 나올 것 같습니다. 창세기라는 말이 우선 그렇습니다.

　창세기는 50장까지 있습니다. 그런데 천지를 창조한 기록은 1장이 고작입니다. 1장에서 천지를 창조하고, 2장에서 사람을 창조합니다. 3장에서 죄가 시작되고, 4장에서 가인이 아벨을 죽입니다. 죄가 들어왔더니 형이 동생을 죽이는 세상이 되고 말았습니다. 창세기는 이 세상에 죄가 들어왔음을 보여주는 책입니다. 이 세상이 죄에 오염되고 말았습니다. 인간의 삶이 비참하게 될 수밖에 없습니다.

　이스라엘이 애굽의 노예가 된다는 내용으로 출애굽기가 시작됩니다. 죄에 신음하는 인간의 실상을 애굽의 노예로 지내는 이스라엘로 나타낸 것입니다. 그런 이스라엘을 하나님께서 구원하십니다. 친히 홍해를 가르시고 애굽을 벌하셨습니다.

레위기는 거룩을 말하는 책입니다. 하나님의 은혜로 구원 얻었으니 이제는 거룩하게 살아야 합니다. 아니, 하나님께서는 우리를 거룩하게 살게 하려고 죄에서 구원하셨습니다. 거룩하게 살지 않는 것은 하나님의 구원 사역을 무시하는 처사입니다. 민수기는 제목 그대로 백성들의 숫자를 헤아린 책입니다. 거룩하게 살아야 할 사람이 누구, 누구인지를 꼽은 것입니다. 신명기는 모세가 마지막으로 신신당부한 기록입니다. 신명기(申命記)의 신(申)이 신신당부(申申當付)한다고 할 때의 신(申)입니다. 이제 모세가 죽으면 이스라엘은 요단을 건너 가나안에 들어갈 텐데, 가나안에 들어가서 무엇을 어떻게 조심해야 하는지 세세하게 일렀습니다.

이런 모세5경을 지나서 이스라엘이 가나안에 들어갑니다. 하나님께서 아브라함한테 하신 약속이 이루어진 것입니다. 그래서 어떻게 됩니까? 드디어 이스라엘은 고생 끝, 행복 시작이었느냐 하면 그렇지 않습니다. 사사 시대 내내 이방 족속한테 시달립니다. 애굽 시절과 비교해서 나아진 것이 없습니다. 요즘말로 바꾸면, 교회 안에 평강이 있다고 하는데 전혀 그렇지 않습니다. 교회 다니기 전이나 교회 다닌 다음이나 달라진 것이 없습니다. 대체 무엇이 문제였을까요?

이스라엘은 그 사실을 왕의 부재(不在)에서 찾았습니다. 다른 나라에는 왕이 있는데 자기들만 없다는 것입니다. 사실은 그게 아닙니다. 하나님이 자기들의 왕인데 그것을 인정하지 않은 탓입니다. 어쨌든 왕이 없다는 그들의 투정에 따라 왕정이 시작됩니다. 태정태세문단세 예성연중인명선… 하는 식으로 숱한 왕이 역사의 무대에 등장했다가 사라집니다. 왕만 있으면 잘 살 수 있다는 이스라엘의 호언장담을 기억하는 사람은 아무도 없었습니다.

하지만 한편으로는 맞는 말이기도 했습니다. 이스라엘에는 왕이 없었습니다. 열왕기에 나오는 어떤 왕도 진짜 왕이 아니었기 때문입니다. 진짜 왕은 예수 그리스도 한 분뿐입니다. 이스라엘한테도 그렇고 우리한테도 그렇습니다. 예수 그리스도가 왕이어야 가나안이 진정 젖과 꿀이 흐르는 땅이 됩니다. 예수 그리스도가 왕이어야 우리 삶의 모든 영역에 흐르는 젖과 꿀을 누릴 수 있습니다. 이스라엘 역사에 등장하는 모든 왕은 결국 우리의 진정한 왕이신 그리스도의 출현을 암시하는 셈입니다. 그리스도가 진짜 왕입니다. 출애굽은 홍해를 건너는 것으로 완성되지 않습니다. 가나안에 들어가는 것으로도 완성되지 않습니다. 그리스도를 왕으로 모셔야 비로소 완성됩니다. 그것이 하나님께서 아브라함 후손한테 약속하신 진정한 구원입니다.

몇 년 전, "한 권으로 읽는 조선왕조실록"이라는 책을 재미있게 읽었습니다. 그 책을 읽고서 성경에 나오는 왕들도 이렇게 정리한 책이 있으면 좋겠다는 생각을 잠깐 했던 기억이 있습니다. 그 일을 이렇게 제가 할 줄은 몰랐습니다. 출판을 위해 애쓰신 베드로서원 방주석 장로님과 출판사 가족들에게 고마움을 전합니다. 이 책을 읽는 모든 분들께 하나님의 다스리심이 임하기를 바랍니다.

주후 2018. 10.

하늘교회 목사 강 학 종

"태초에 하나님이 천지를 창조하시니라"라는 말씀으로 창세기가 시작된다. 최초의 인류가 아담과 하와인데, 둘 사이에서 가인과 아벨이 태어난다. 그런데 가인이 동생 아벨을 시기해서 죽이고 말았다. 아담, 하와가 죄를 지었더니 형이 동생을 죽이는 세상이 되고 만 것이다. 하나님께서 아벨 대신 다른 아들을 주셨는데 그가 셋이다. 이렇게 해서 아담과 하와로 시작된 인류가 가인의 혈통과 셋의 혈통으로 나뉘게 된다.

셋의 혈통에서 노아가 태어났고, 노아 때 그 유명한 홍수가 있었다. 살아남은 사람은 노아네 여덟 식구뿐이었다. 노아한테는 셈, 함, 야벳 세 아들이 있었다. 홍수 이전의 인류가 가인과 셋의 혈통으로 분류되었던 것처럼 홍수 이후에는 셈, 함, 야벳을 따라 분류된다. 물론 지금은 그런 분류가 무의미하다. 지금은 혈통이 아니라 예수를 그리스도로 믿는 신앙이 기준이다.

셈의 계보를 따라 아브라함이 출생했다. 아브라함을 믿음의 조상이라고 한다. 인류 역사상 가장 믿음 좋은 사람이라는 뜻이 아니다. 믿음으로 구원 얻는 것이 어떤 것인지를 보여주는 모델이라는 뜻이다. 오늘날 구원 얻은 후사들이 믿음으로 말미암는 것처럼 구약시대에는 아브라함의 혈통으로 태어나는 것이 하나님의 백성인 표지였다.

하나님께서 아브라함을 가나안 땅으로 부르셨다. 또 장차 아브라함의 후손에게 가나안 땅을 주겠다고 약속하셨다. 아브라함의 아들이 이삭이고 이삭의 아들이 야곱이다. 야곱은 르우벤, 시므온, 레위, 유다, 잇사갈, 스불론, 단, 납달리, 갓, 아셀, 요셉, 베냐민 모두 열두 아들을 두었는데, 요셉의 형들이 요셉을 시기해서 종으로 팔아버린다.

요셉은 우여곡절 끝에 애굽의 총리가 된다. 그리고 그때 사방에 큰 흉년이 들었다. 가나안 땅에 살던 야곱 일족 역시 흉년으로 고통받기는 마찬가지였다. 요셉의 형들이 곡식을 구하러 애굽에 왔다가 요셉을 만나게 되고, 결국 가나안 땅에 있던 야곱 가족이 전부 애굽으로 이주한다.

요셉이 총리로 있는 동안에는 별 어려움이 없었을 것이다. 하지만 요셉이 죽은 다음에는 얘기가 달라진다. 애굽의 노예로 전락하고 만 것이다. 그 와중에도 이스라엘은 계속 번성했는데, 애굽한테는 결코 달가운 일이 아니었다. 혹시 전쟁이 일어났을 때 이스라엘이 애굽 내부에서 대적하면 골치 아프기 때문이다.

급기야 이스라엘에 본격적인 인구 억제 정책을 시행한다. 극심한 강제 노역에 내모는가 하면, 심지어는 아들을 낳으면 무조건 애굽 하수에 던져 죽이라는 잔인한 명령도 내렸다. 나중에 애굽을 탈출하기까지 이스라엘은 그런 나날을 지내야 했다.

야곱 일족이 애굽으로 갈 때는 고작 70명이었는데, 모세의 인도로 홍해를 건널 적에는 스무 살 넘는 남자만도 60만 3,550명이었다. 하지만 그들이 가나안 땅에 들어간 것은 아니다. 출애굽 1세대는 하나님을 거역했다가 광야에서 다 죽고 출애굽 2세대가 여호수아의 인도로 가나안 땅에 들어간다.

이스라엘이 애굽을 나올 적에는 모세가 지도자였고, 가나안 땅에 들어갈 적에는 여호수아가 지도자였다. 모세나 여호수아가 왕이었다는 얘기가 아니다. 이방 족속들한테는 왕이 있었지만 이스라엘에는 왕이 없었다. 하나님께서 친히 이스라엘의 왕이시기 때문에 별도의 왕이 필요하지 않았다. 하지만 이스라엘의 생각은 달랐다. 이방 족속과 전쟁을 겪으면서 자기들한테도 왕이 필요하다는 생각을 하게 된다.

사실 어처구니없는 이야기다. 가나안은 하나님께서 주신 땅이다. 그 땅에서 일어나는 모든 일은 하나님과의 관계에 원인이 있다. 예컨대 이스라엘이 하나님을 떠나 살면 하나님은 그런 이스라엘을 징계하느라고 이방 족속을 동원해서 공격하게 하신 것인데 이스라엘은 그것을 몰랐다. "하나님을 떠나 살았더니 전쟁이 닥치는구나. 앞으로는 명심해서 하나님을 떠나 사는 일이 없도록 해야 하겠다."라는 쪽으로 생각이 미친 것이 아니라 "우리한테 자꾸 전쟁이 임한다. 뭔가 대비책을 세워야 한다. 보아하니 다른 나라에는 왕이 있는데 우리한테는 없다. 우리도 왕을 세워서 왕을 중심으로 부국강병에 힘써야 한다."라는 쪽으로 머리가 돌아갔다.

어떤 집에서 아이를 공부하게 하느라고 성적에 따라서 용돈을 주기로 했다. 아이가 그 얘기를 전해 듣고는 고민에 빠진다. 머리 싸매고 착실히 공부하는 것이 자기가 할 수 있는 최선의 일인데도 공부에는 애초에 마음이 없었다. 나름대로 용돈을 벌 궁리를 하더니 책을 팔아서 껌팔이를 시작했다. 그런 아이한테 뭐라고 해야 할까?

이스라엘이 그런 격이다. 그렇게 해서 왕을 세워달라고 보채기에 이르렀다. 당시 이스라엘의 선지자가 사무엘이었는데, 아무리 만류해도 듣지 않았다. "우리도 다른 나라들 같이 되어 우리의 왕이 우리를 다스리며 우리 앞에 나가서 우리의 싸움을 싸워야 할 것이니이다(삼상 8:20)"라는 것이 이스라엘의 고집이었다.

부족국가에서 왕조국가로 발전적인 정치 형태를 갈망했다는 얘기가 아니다. 자기들의 이익을 보장해주는 사람이 필요했을 뿐이다. 예수님께서 오병이어 기적을 일으켰을 때 유대인들이 예수님을 왕으로 삼으려고 한 적이 있다. 예수님을 왕으로 모셔서 예수님께 순종하면서 하나님의 백성답게 살려고 한 것이 아니다. 보리떡 다섯 개 물고기 두 마리로 오천 명이나 먹이는 예수님의 능력을 탐한 것이다. "와! 이 사람을 왕으로 삼으면 먹고사는 문제는 걱정 없겠다. 앞으로 먹고사는 문제는 그것으로 해결하고 우리는 마음 편하게 살자."라는 속셈이었다.

'우리도 다른 나라들 같이 되어'가 무슨 뜻인가? 다른 나라들이 이스라엘처럼 되어야 할까, 이스라엘이 다른 나라들처럼 되어야 할까? 본래 하나님께서 아브라함을 부르신 이유는 아브라함을 통해서 땅의 모든 족속이 복을 얻게 하려는 것이었다. 이스라엘은 제사장 나라다. 이스라엘을 통해서 하나님의 뜻이 열방에 전파되어야 한다. 그런데 오히려 이스라엘이 열방을 기웃거리고 있다.

별로 멀리 있는 얘기가 아니다. 교회 안에서 하늘에 속한 온갖 신령한 복을 누리는 사람이 자기한테 있는 복에는 관심이 없는 채 교회 밖에 있는 사람을 부러워하는 경우가 왕왕 있다. 교회 안에 있으면서도 신앙 좋은 사람을 부러워하지 않고 돈 많은 사람을 부러워한다.

'우리의 왕이 우리를 다스려야 한다'는 얘기는 무슨 뜻인가? 하나님이 이스라엘의 왕이다. 그런데 누가 또 이스라엘을 다스린다는 말인가? 하나님이 자기들의 왕이 아니면 대체 누구의 왕이란 말인가? 또 자기들은 누구의 백성이란 말인가? 결국 하나님을 왕으로 인정하지 않겠다는 노골적인 반역이다. 이런 노골적인 반역이 나중에 예수님을 십자가에 못 박으라고 하면서 가이사 외에는 자기들에게 왕이 없다고 한 망발로 나타난다.

'우리의 싸움을 싸워야 한다'는 말은 또 무슨 뜻일까? 대체 이스라엘에게 어떤 싸움이 있다는 말인가? 신자들이 싸워야 할 싸움이 있다면 믿음의 선한 싸움뿐이다. 신자들한테 세속적인 싸움은 존재하지 않는다. 그런데 이스라엘이 여기서 말하는 싸움을 통하여 얻으려는 것이 어떤 것일까? 하늘에 속한 것이 아니라 땅에 속한 것이다. 그런데도 마치 신앙적인 싸움을 하는 것 같은 표현을 쓰고 있다. 간혹 신앙의 이름을 도용해서 남보다 높은 자리에 오르려는 사람이 있다. 남보다 높은 자리에 오르는 것을 신앙에 대한 보상인 양 착각하는 사람도 있다. 하지만 그런 일에 신앙이 동원되는 법은 없다. 명심해야 한다. 하나님의 은혜는 이 세상 가치 질서 안에서 남보다 좋은 자리를 차지하는 것으로 나타나는 것이 아니라 새로운 가치 질서에 편입되는 것으로 나타난다.

오순절 성령 강림이 사도행전 2장에 기록되어 있다. 이 땅에 교회가 시작된 것이다. 교회가 시작되고 가장 먼저 나타난 사건은 앉은뱅이가 일어난 사건이다. "은과 금은 내게 없거니와 내게 있는 이것을 네게 주노니 나사렛 예수 그리스도의 이름으로 일어나 걸으라"라는 유명한 말씀이 행 3:6에 나온다. 두 내용을 연결하면 어떻게 될까? 이제 시작된 교회는 은과 금이 있는 곳이 아니라 예수 그리스도의 이름이 있는 곳이다. 교회는 은과 금으로 힘을 삼지 않고 예수 그리스도의 이름으로 힘을 삼는다. 교회가 그렇다는 얘기는 신자가 그렇다는 뜻이다. 우리가 바로 그런 사람들이다.

각설하고, 이렇게 해서 이스라엘에 왕정이 시작된다. 이 사실을 놓고 호세아 선지자는 "내가 분노하므로 네게 왕을 주고 진노하므로 폐하였노라(호 13:11)"라고 했다. 이스라엘의 요구가 하나님 보시기에 옳지 않았다는 노골적인 책망이다. 하지만 하나님께서는 그런 이스라엘의 불순종 속에서도 사울을 세웠다가 폐하시고 다시 다윗을 세움으로써 장차 이 땅에 선포될 그리스도의 나라를 예표하셨다. 이스라엘의 패역함 속에서도 이 세상을 향한 구원 계획을 홀로 이루셨다.

얼핏 생각하면 의아할 수 있다. 왕을 달라는 요구가 신앙적으로 옳지 않으면 애초에 들어주지 않으면 그만이기 때문이다.

선악과를 둘러싸고 가장 자주 듣는 질문이, 하나님이 왜 선악과를 만들었느냐는 질문이다. 애초부터 선악과를 만들지 않았으면 아무런 문제가 생기지 않았을 것 아니냐는 것이다. 하지만 그런 의문은 '수준'과 '상태'의 차이를 간과한 탓이다.

어떤 사람이 묻는다.

"혹시 개고기 드세요?"

"아뇨, 못 먹습니다."

"왜요? 입에 안 맞으세요?"

"아뇨."

"그럼요?"

"저… 못 먹기는 못 먹는데, 없어서 못 먹어요."

어떤가? 없어서 못 먹는 것도 못 먹는 축에 끼는 건가? 선악과를 먹고 싶은 마음은 굴뚝같은데 없어서 못 먹은 것도 선악과를 먹지 말라는 말씀에 순종한 것과 같은 가치를 가질까? 선악과를 따먹지 않은 상태가 문제가 아니다. 선악과를 따먹지 않는 수준이 되어야 한다.

사람들은 '수준'과 '상태'를 구분하지 못한다. 아니, 구분하기 싫은 것일 수도 있다. 자기의 이성적인 판단으로 선악과를 따먹지 않아야 하는 책임은 도외시한 채 하나님께서 자기를 선악과를 따먹지 않은 상태로 유지시켜 주기를 바란다. 왕을 달라는 요구도 마찬가지다. 무조건 왕만 없으면 되는 것이 아니라 하나님을 왕으로 모시는 수준이 되어야 한다.

　우리를 향한 하나님의 뜻은 언제나 우리의 '거룩'이다. 그렇다고 해서 거룩으로 통하지 않는 모든 길을 사전에 봉쇄해서 우리 앞에 정답만 있게 하시지는 않는다. 숱한 시행착오 속에서 결국 정답으로 돌아오도록 우리 인생에 끊임없이 개입하시고 간단없이 인도하신다. 우리가 택한 길이 정답이기만 하면 되는 것이 아니라 우리한테 정답을 택할 실력이 만들어져야 하기 때문이다.

　왕을 달라는 요구도 마찬가지다. 왕을 두고 싶다는 생각 자체를 차단해서 하나님을 왕으로 섬기면서 살도록 원격 조정하시는 것이 아니라 우리의 지, 정, 의가 하나님을 왕으로 섬기도록 인도하신다. 그렇게 될 때까지 기다리신다. 그래서 왕을 세워달라는 이스라엘의 요구를 들어주셨다.

　하나님께서는 우리의 의지 자체를 제어하시지 않는다. 우리가 하나님을 잘 섬길 수 있도록 하나님께서 우리를 조정하셔야 하는 것이 아니라 우리가 우리의 인격적인 결단으로 하나님을 섬겨야 한다. 순종이 순종일 수 있으려면 불순종의 여지가 있어야 한다. 불순종의 여지가 없으면 순종도 순종이 아니다. 하나님께서는 아담, 하와가 선악과를 따먹는 것을 참으셨던 것처럼 왕을 세워달라는 요구도 묵인하셨다. 그 모든 과정을 거쳐서 결국 하나님만을 왕으로 모시는 궁극적인 자리로 가야 한다.

요컨대 우리는 우리 욕심이 있는 자리로 하나님을 끌어내리려고 할 것이 아니라 우리 수준을 하나님의 눈높이에 맞게 끌어올릴 수 있어야 한다. 하나님이 우리 요구를 들어주는 것이 복이 아니라 우리가 하나님 뜻대로 사는 것이 복이다. 하나님은 우리를 위해서 영원한 복락을 예비하셨는데 자꾸만 하나님을 우리 욕심의 자리로 끌어내리려는 것은 어차피 가야 할 길을 가장 멀리 돌아가는 어리석은 소행이다.

각설하고 이스라엘이 자기들의 왕이신 하나님을 제쳐놓고 다른 왕을 구했다는 사실을 보면서 우리도 각자의 태도를 결정해야 한다. 하나님을 왕으로 모시든지, 이스라엘처럼 세속적인 왕을 찾든지 양자택일을 해야 한다. 자칫 잘못하면 성경을 통해서는 이스라엘을 비웃으면서 정작 자신은 세상을 좇아 사는 어리석음을 범할 수 있다. 자기 마음에 맞는 왕을 자기가 택하는 것이 복이 아니라 하나님을 왕으로 모시는 것이 복이라는 사실에 진심으로 동의할 수 있어야 한다.

초대 왕 **사울** ✡

성경은 사울을 "베냐민 지파에 기스라 이름하는 유력한 사람이 있으니 그는 아비엘의 아들이요 스롤의 손자요 베고랏의 증손이요 아비아의 현손이며 베냐민 사람이더라 기스에게 아들이 있으니 그의 이름은 사울이요 준수한 소년이라 이스라엘 자손 중에 그보다 더 준수한 자가 없고 키는 모든 백성보다 어깨 위만큼 더 컸더라(삼상 9:1-2)"라고 소개한다.

그는 유력한 가문 출신이었고 용모도 빼어났다. 특히 그의 키를 강조한다. 성경에서 그를 처음 소개할 때도 키 얘기를 했는데, 나중에 왕이 될 때도 "…그가 백성 중에 서니 다른 사람보다 어깨 위만큼 컸더라(삼상 10:23b)"라고 한다. 왕으로 뽑힌 사울의 가장 큰 특징은 남보다 키가 크다는 사실이었다.

설마 '키다리 경연대회'를 해서 왕을 뽑았을까? 키가 크다는 얘기는 그만큼 용사였다는 뜻이다. 사울은 누가 보기에도 왕으로 뽑힐 만한 사람이었다. 유력한 가문 출신에 용모도 빼어났을 뿐만 아니라 당시 이스라엘에서 가장 용사였다. 다윗이 '하나님 마음에 합한 사람'이라면 사울은 '사람들 마음에 합한 사람'이었다.

아닌 게 아니라 왕으로 즉위한 초기에는 암몬 족속을 물리치는 등, 왕의 직무를 훌륭하게 수행했다. 하지만 잠깐뿐이었다. 블레셋과 전쟁을 앞두었을 적에 사무엘이 오기를 기다리지 못해서 자기가 하나님께 제사를 드렸는가 하면 아말렉과 전쟁을 수행하면서는 하나님 말씀을 어기고 가축 중에서 기름진 것을 골라 남기기도 했다.

블레셋과 대치했을 때의 일이다. 전쟁은 임박했는데 이스라엘의 사기는 말이 아니었다. 이럴 때 사무엘이 와서 하나님께 제사라도 드리면 백성들의 사기에 도움이 될 텐데 일주일 후에 온다는 사무엘은 소식이 없었다. 고심하던 사울이 자기가 대신 제사를 드렸다. 다소 성급하기는 했지만 얼마든지 그럴 수 있을 것 같기도 하다. 하나님께서 구하시는 것은 제사보다도 상한 심령이라고 했는데 국가 위기 상황이면 제사장 아닌 사람이 제사를 지내는 것도 용납될 수 있지 않을까? 어차피 하나님께서 제사 제도를 제정하신 이유가 하나님의 권위를 위한 것이 아니라 우리의 유익을 위한 것인데, 왕의 신분으로 제사장 직분을 대신한 것이 뭐 그리 큰 잘못인가? 만일 다윗이 제사를 드렸으면 어떻게 되었을까?

사울이 범한 잘못은 함부로 제사장 직분을 침해한 것이 아니다. 그런 잘못은 나중에 웃시야가 범한다. 요컨대 사울은 신앙을 자기 필요에 갖다 붙인 사람이다. 사울이 생각하는 제사는 하나님을 의뢰하는 행위가 아니라 백성을 하나로 모으는 수단이었다. 하나님의 백성 된 모습을 회복하기 위해서 제사를 드린 것이 아니라 백성들의 임전태세를 가다듬기 위해서 제사를 이용했다.

우리의 신앙은 언제든지 우리가 지향하는 최고 가치여야 한다. 신앙을 발판으로 다른 것을 얻는 것이 아니다. 다른 것을 얻기 위해서 신앙 행위를 동원한다면 그것으로 이미 불신앙이다. 신앙은 언제나 우리 삶의 원칙이고 목적이지, 수단이나 방법이 아니다.

사울의 잘못은 그것으로 그치지 않았다. 아말렉을 진멸하라고 하신 하나님 말씀도 무시했다.

아말렉을 향한 하나님의 말씀은 얼핏 무자비하게 보일 수도 있다. 남녀노소는 물론이고 심지어 우양과 낙타, 나귀까지 남김없이 멸하라고 했기 때문이다. 사랑과 자비와 용서의 하나님이 유독 아말렉에 대해서는 전혀 다른 말씀을 하신다. 하나님께서 이 정도로 싫어하시는 것이라면 죄 말고는 없다. 아말렉은 죄를 상징한다. 하나님께서 노아 당시 죄악이 관영한 세상을 홍수로 심판하셨고, 소돔과 고모라를 유황불로 심판하셨던 것처럼 부패한 가나안 족속을 이스라엘 민족에게 심판하라고 하셨고, 우리한테 있는 죄를 상징하는 아말렉을 사울에게 심판하라고 명하셨다.

그런데 어떻게 되었는가? 홍수와 유황불은 맡은 소임을 다했지만 이스라엘과 사울은 그 일을 제대로 수행하지 않았다. 이 세상 우주만물 중에 감히 하나님께 거역하는 존재는 인간뿐이다.

우리의 문제는 걸핏하면 죄한테 정복당하는 것이 아니라 죄를 완벽하게 정리하지 않고 남겨두는 것이다. 사울의 경우가 그렇다. 아말렉을 치기는 했는데 남김없이 진멸한 것이 아니라 아말렉 왕 아각을 비롯해서 좋은 가축들은 남겼다. 하나님께서는 진멸하라고 하셨지만 그것은 하나님 생각이고 자기 생각은 그렇지 않다는 것이다.

이때 사울이 남긴 아말렉은 두고두고 이스라엘의 후환거리가 된다. 시글락성에서 다윗을 괴롭히기도 하고 블레셋과의 전쟁에서 패한 사울이 죽기를 자청했을 때 그의 목숨을 빼앗기도 했다. 죄와 싸우기에 게을렀던 사울이 죄에 의해 죽은 것이다. 그 정도가 아니다. 〈에스더서〉에 하만이 이스라엘 민족을 멸망시킬 계획을 꾸미는 내용이 나오는데 그가 또한 아말렉의 후손이었다. 만일 우리가 우리한테 있는 죄를 몰아내지 않으면 우리한테 있는 죄가 우리를 몰아낼 것이다.

사울은 아말렉을 남김없이 진멸하라는 말씀을 어기고 기름진 소와 양을 남겼다. 그러고는 사무엘한테 하나님 명령을 수행했다고 했다. 사무엘이 질책하자, 하나님께 제사 드리기 위한 것들을 남겼을 뿐이라고 했다. '순종이 제사보다 낫다'는 유명한 말이 이때 사울을 질책하면서 나온 말이다.

순종이 제사보다 나을 것은 자명하다. 애초에 인간이 하나님께 제대로 순종했으면 제사 제도가 생겨나지도 않았을 것이다. 내용이 빠진 형식은 무효다. 몰래 다른 여자를 만나는 남자가 아내한테 다이아 반지를 선물한다고 해도 그것이 사랑의 표시일 수 없고, 훔친 돈에서 십일조를 한다고 해서 돈을 훔친 행위가 정당화되는 것도 아니다.

레리 고닉이라는 사람이 있다. 하버드대학 수학과를 졸업하고 하버드대학원에서 수학 석사 학위를 받았는데 박사 과정을 밟다가 중간에 만화가가 된 사람이다. 그가 그린 〈세계에서 가장 재미있는 세계사〉라는 만화가 있다. 그 만화에서 순종이 제사보다 낫다는 말씀을 재미있게 설명했다. "너 같으면 시커멓게 탄 염소 한 마리를 얻어먹는 게 뿌듯하겠느냐, 내 말을 하늘같이 떠받드는 걸 보는 게 뿌듯하겠느냐?" 참으로 기발한 설명이다. 제사를 지낸다는 얘기는 짐승을 불에 태운다는 뜻이다. 새까맣게 불에 탄 염소를 갖고 오는 사람과 항상 순종하는 사람이 비교나 되겠는가?

알아두어야 할 사실이 있다. 그때 사무엘은 거짓말하지 말라고 질책하지 않았다. 설령 사울이 마음속으로는 켕기면서도 그럴 듯한 논리를 내세워서 둘러대는 것이었다고 해도 "속 보이는 얘기 말라"고 한 것이 아니라 "순종이 제사보다 낫다"고 했다. 불순종한 이유가 잘못이 아니라 불순종 자체가 잘못이라는 뜻이다. "불순종 + 타당한 이유 = 순종"이라는 등식은 성립하지 않는다. 아무리 합당한 이유가 있어도 불순종은 불순종이다.

다음 중 핑계가 가장 잘 통하는 곳이 어디일까?

① 군대

② 회사

③ 학교

④ 교회

이런 문제가 있으면 답은 뻔하다. 대체 무엇 때문일까? 고3 학생이 상담실에 가서 얘기한다. "요즘 이상하게 공부가 안 됩니다. 어떻게 하면 좋습니까?" 그 학생이 무슨 말을 듣겠는가? 쓸데없는 얘기하지 말고 가서 공부하라는 말밖에 들을 말이 없다. 그런 문제로 고민할 시간에 수학 문제 하나라도 더 풀어야 한다. 그런데 같은 얘기를 교회에서 하면 달라진다. "요즘 이상하게 예배에 집중이 안 돼. 봉사를 해도 기쁨이 없어." 그러면 주변에서 다 걱정한다. 어쩌면 말씀대로 사는 것보다 말씀대로 살기 힘든 이유를 말하는 것에 더 관심이 있는 때문 같기도 하다.

각설하고, 이제 사울은 왕권을 박탈당하게 된다. 그렇다고 해서 그 즉시 하늘에서 "이스라엘은 들어라! 내가 오늘부터 사울을 폐하고 다윗을 새로운 왕으로 세우니 너희는 그렇게 알아서 다윗을 옹립하도록 하여라!" 하는 음성이 들린 것은 아니다. 사울은 상당 기간 왕으로 지내다가 최후를 맞는다. 하나님께서 다윗을 새로운 왕으로 세우셨지만 이스라엘 왕은 여전히 사울이었다.

이 세상은 법적으로 그리스도께 속해 있다. 그리스도께서 우리를 위해서 죽으셨다가 다시 살아나심으로 세상의 모든 죄를 결박하셨다. 그런데도 사탄은 여전히 왕 노릇을 하고 있다. 물론 어디까지나 한시적이다. 사울이 망하고 다윗이 왕위를 계승하는 것처럼 사탄이 멸망하고 그리스도께서 친히 왕으로 오실 날이 곧 이를 것이다.

만일 이스라엘 사람들을 다 모아놓고 자초지종을 설명한 다음에 "너희들은 사울 편을 하겠느냐, 다윗 편을 하겠느냐?" 하고 물으면 어떤 반응을 보였을까? 물어보나마나 뻔하다. 전부 다윗 편을 할 것이다. 하나님께서 사울의 멸망을 선언하신 것을 알면서도 사울을 왕으로 모실 사람은 없다. 당시 사울이 계속 왕으로 행세할 수 있었던 이유는 이스라엘 백성들이 그렇게 인정해 주었기 때문이다.

우리는 어떤가? 이스라엘이 자초지종을 알았으면 전부 다윗을 편들었을 것처럼 우리 역시 당연히 그리스도를 편들어야 한다. 때가 이르면 그리스도께서 친히 왕권을 행사하신다는 사실을 알면서도 세상 눈치를 보는 것은 말이 안 된다.

사울이 다윗을 해하기로 마음먹은 구체적인 계기는 '사울이 죽인 자는 천천이요 다윗은 만만이로다'라는 백성들의 노래 때문이었다. 자기한테는 천천을 얘기하고 다윗에게는 만만을 얘기하니, 다윗이 더 얻을 것이 왕권밖에 없지 않으냐는 생각을 한 것이다. 하지만 명백한 오해다. 숫자상으로는 천보다 만이 크지만 그렇게 쓰이지 않을 수도 있다.

> 그는 첫 수송아지 같이 위엄이 있으니 그 뿔이 들소의 뿔 같도다 이것으로 민족들을 받아 땅 끝까지 이르리니 곧 에브라임의 자손은 만만이요 므낫세의 자손은 천천이리로다(신 33:17)

천 명이 네 왼쪽에서, 만 명이 네 오른쪽에서 엎드러지나 이 재앙이 네게 가까이 하지 못하리로다(시 91:7)

불이 강처럼 흘러 그의 앞에서 나오며 그를 섬기는 자는 천천이요 그 앞에서 모셔 선 자는 만만이며 심판을 베푸는데 책들이 펴 놓였더라(단 7:10)

천이나 만이 항상 십의 백 배, 십의 천 배로 쓰이는 것이 아니다. 막연하게 큰 수를 나타내기도 한다. 사울 당시 백성들이 말한 '천천', '만만'도 같은 경우다. 성경은 "무리가 돌아올 때 곧 다윗이 블레셋 사람을 죽이고 돌아올 때에 여인들이 이스라엘 모든 성읍에서 나와서 노래하며 춤추며 소고와 경쇠를 가지고 왕 사울을 환영하는데 여인들이 뛰놀며 노래하여 이르되 사울이 죽인 자는 천천이요 다윗은 만만이로다 한지라(삼상 18:6-7)"라고 기록하고 있다. 그들은 사울을 환영하는 인파였다. 사울을 환영하면서 사울보다 다윗을 더 칭찬하는 것은 말이 안 된다. 단지 "사울과 다윗이 많은 블레셋 사람들을 물리쳤다"라는 뜻으로 말한 것이다. 그런데 사울한테는 달리 들렸다.

일찍이 사울은 사무엘한테서 자기의 재위 기간이 길지 않을 것이라는 말을 들었다. 하나님께서 자기 왕위를 빼앗아 다른 사람에게 줄 것이라는 얘기도 들었다. 그런 말을 듣고 태연할 수는 없다. "대체 어떤 놈일까? 내 주변에 어디 그런 놈이 있단 말인가?" 하고, 늘 신경을 곤두세웠을 것이다. 그러던 중에 백성들이 다윗을 높이는 말을 들었으니 생각이 그쪽으로 미친 것이다.

이때부터 사울은 다윗을 해하려고 갖은 수를 다 동원한다. 사위를 삼겠다고 하면서 그 조건으로 블레셋 사람의 포피 일백 장을 요구해서 블레셋 사람의 손을 빌려 다윗을 해하려고도 했고, 자기가 직접 다윗을 겨냥해서 창을 던지기도 했다. 다윗의 마음에 항상 하나님이 있었던 것처럼 사울의 마음에는 항상 다윗이 있었다.

다윗 앞에 고생문이 훤하게 열린 셈이다. 한 나라의 왕을 피해서 도망 다니려니 그야말로 죽을 지경이다. 그렇다고 해서 사울은 편하게 지냈느냐 하면, 그렇지 않다. 고생은 마찬가지다. 사울 역시 밤잠을 편하게 자지 못했을 것이다. 이 세상을 사는 것은 어차피 힘들다. 고생은 누구나 다 한다. 단 누구를 위한 고생이고 무엇을 위한 고생인지가 다를 뿐이다. 어떤 사람은 의미 있는 고생을 하고 어떤 사람은 의미 없는 고생을 한다.

<내 이름은 아직도 이새별>이라는 책이 있다. 스물두 살, 어린 나이에 간암으로 세상을 뜬 이새별이 주인공이다. 책에 이새별의 입맛이 달라진 얘기가 나온다. 마치 임신이라도 한 것처럼 전에는 쳐다보지도 않던 음식들이 뜬금없이 먹고 싶다는 것이다.

나중에 의사가 설명을 한다. 새별이의 모든 신체 기관이 암과 싸우고 있기 때문에 몸의 기능도 거기에 맞춰 변화를 겪는데, 마치 임신한 여자가 입덧을 하는 것과 같은 원리라고 한다. 임신을 하면 아기를 위해 몸이 적극적으로 반응하기 때문에 식성이 바뀌는 것처럼 새별이도 그렇다는 것이다. 참

기가 막힌 노릇이다. 암세포 때문에도 입덧을 하고 태아 때문에도 입덧을 한다. 같은 입덧인데 이유는 전혀 다르다. 다윗과 사울이 그런 격이다.

견디다 못한 다윗이 급기야 블레셋 땅으로 도망간다. 다윗은 다른 곳이라면 몰라도 블레셋으로는 갈 수 없는 처지다. 블레셋 장수 골리앗을 죽인 사람이 바로 다윗이다. 그런 다윗이 블레셋으로 도망한다는 얘기는 사울을 피하는 일이 그 정도로 다급했다는 뜻이다. 건물에 불이 나면 옥상에서라도 뛰어내린다. 뛰어내린다고 해서 산다는 보장은 없지만 뛰어내리지 않으면 죽는 것은 확실하다. 다윗이 그 정도로 절박했다.

이스라엘 왕은 다른 나라 왕과 다르다. 다른 나라 왕은 그 나라의 주인으로 무소불위의 권력을 휘두른다. 하지만 이스라엘 왕은 나라의 주인이 아니라 하나님께 통치를 위임 받은 사람이다. 하나님께서 다스리는 것처럼 다스려야 할 책임이 있다. 그러면 하나님의 뜻에 민감해야 한다.

그런데 사울은 그렇지 못했다. 하나님의 뜻을 실현시키는 것은 고사하고 자기의 통치를 이루기 위해서 열심히 하나님의 뜻을 대적했다. 만일 사울의 의도대로 일이 진행되면 하나님의 뜻은 어떻게 된다는 얘기인가? 하지만 사울은 모르는 일이다. 자기 왕좌를 지키는데 방해가 된다면 설령 하나님께서 세웠다고 해도 죽여 없애야 할 사람일 뿐이다. 사울은 자기 왕좌의 노예로 남은 임기를 지내다가 블레셋과의 전쟁에서 비참하게 죽고 만다.

그의 죽음이 또한 교훈적이다. 전쟁 중에 화살에 맞고 상처가 위중하자, 스스로 목숨을 끊기 위해서 칼에 엎드러졌다. 할례 없는 자들에게 모욕을 받는 것보다 스스로 목숨을 끊는 것이 낫다고 생각한 것이다.

장부다운 기개가 있었다는 뜻이 아니다. 하나님께 외면당하는 것에는 신경 쓰지 않으면서 이방인한테 모욕당하는 것에는 신경 썼다. 하나님께 버림받았으면서도 종교적인 우월감은 있었다. 그래서 이방인한테 모욕을 당하지 않기 위해서 기꺼이 하나님께서 싫어하시는 죽음을 택했다.

그런데 사람 목숨이 모진 탓에 그것으로 숨이 끊어지지 않았다. 옆에 있는 사람한테 자기를 죽여 달라고 부탁해서야 죽을 수 있었다. 이때 사울을 죽인 사람이 공교롭게도 아말렉 사람이었다.

아말렉 사람이 이스라엘 진중에 있는 것은 일반적인 일이 아니다. 아마 전쟁 중에 포로가 되어 이스라엘 군에 편입된 사람일 텐데, 그런 경우라면 이스라엘 사람 백 명 중에 한두 명, 혹은 서너 명이었을 것이다. 그런데 사울이 죽는 순간 그 옆에 있던 사람이 하필 아말렉 사람이었다. 결국 사울은 자기가 행한 불순종의 흔적에 의해서 그 생명을 끝내야 했다.

사울은 이렇게 생을 마감했다. 블레셋 사람들이 사울이 죽은 것을 보고는 그 머리를 베고 시체를 벧산 성벽에 못 박았다. 그 소식을 들은 길르앗 야베스 거민들이 사울의 시체를 취해서 장사를 지냈다. 길르앗 야베스는 암몬 족속의 위협에 놓였다가 사울에 의해 구원을 받은 적이 있다. 그 길르앗 야베스 거민들이 사울의 시신을 거두어 화장을 했다. 당시 풍습을 감안하면 예외적인 장례법이다. 아마 시신이 상당히 훼손된 모양이다. 할례 없는 자들한테 모욕을 당하기 싫다면서 자결을 택한 사울의 마음과 달리 그의 시신은 이방 족속들한테 철저하게 능멸 당했다. 이것이 하나님을 외면한 사울의 최후다.

하지만 사울의 죽음에 나타난 것은 사울이 어떻게 실패했느냐 하는 단편적인 사실이 아니다. 왕을 달라고 한 이스라엘의 요구가 얼마나 헛된 요구였느냐 하는 것이 더 근본적인 문제다. 사울은 당시 사람들의 안목을 기준으로 가장 뛰어난 사람이었기 때문이다. 이스라엘이 구하는 왕의 조건을 가장 잘 충족시키는 사람이었다. 출신 집안과 외모, 용력 등 모든 조건을 완벽하게 갖췄다. 그런데도 실패했다. 그리고 하나님께서는 그런 헛된 요구를 했던 이스라엘을 위해서 그리스도를 예표하는 다윗을 예비하셨다.

그리스도를 예표하는 **다윗**   ✡

사울이 아말렉을 진멸하라는 하나님 말씀을 어기자, 하나님께서는 사무엘에게 사울을 폐하고 다른 사람에게 기름을 부어 왕으로 삼을 것을 말씀하셨다. 그때 기름 부음을 받은 사람이 다윗이다.

사무엘이 대뜸 다윗한테 기름을 부은 것이 아니다. 먼저 다윗의 형 엘리압을 보았다. 그러고는 무척이나 흡족하게 여겼다. 한눈에 보기에도 과연 하나님께서 기름을 부으실 만한 사람이었다.

이것이 사람의 한계다. 준수한 용모를 가진 사울이 얼마나 하나님 뜻에 어긋났는지 생생하게 체험했으면서도 여전히 외모에 치중했다. 그것도 당시 이스라엘 백성 중에서 하나님의 뜻을 가장 잘 알 만한 사무엘이 이런 실수를 했다. 사실은 실수가 아니라 수준이라고 해야 한다.

사람은 외모를 보지만 하나님은 중심을 보신다. 사람은 피상적으로 판단하기 때문에 틀리기 십상이지만 하나님은 그렇지 않다는 뜻이 아니다. 사람의 눈에는 외모밖에 보이지 않는다. 사람이 볼 수 있는 전부를 보는 것이 외모를 보는 것이다. 결국 외모를 본다는 얘기는 경솔한 판단을 경고하는 얘기가 아니라 전부를 볼 능력이 없음을 지적하는 얘기다. 이 사실을 명심해서 무엇을 하든지 간에 자기가 아는 것이 전부가 아니라는 사실을 알아야 한다. 다른 사람을 우물 안 개구리라고 비꼬면 자기는 저절로 우물 밖 개구리가 되는 것이 아니다.

사무엘이 이새의 일곱 아들을 다 보았다. 그런데 하나님이 택한 사람이 없었다. 다윗이 그 자리에 없었기 때문이다. 다윗은 양을 치는 중이었다. 이 내용을 놓고 "다윗은 천덕꾸러기였다. 그의 형들은 왕이 되기 위한 심사라도 받았지만 다윗한테는 그럴 기회도 주어지지 않았다."라고 해서, 마치 다윗을 이스라엘판 신데렐라처럼 얘기하기도 한다. 하지만 동의가 안 된다. 그 자리가 새로운 왕을 뽑는 자리인 것을 아는 사람은 아무도 없었다. 이새가 다윗한테 양을 돌보게 하고 다윗의 형들만 그 자리에 참석시킨 이유는 아마 다윗이 미성년이었기 때문일 것이다. 어린아이인 다윗한테 제사 구경을 시키느라 제사에 참석할 수 있는 형들한테 양을 돌보게 할 수는 없는 노릇이다.

하여간 이렇게 해서 다윗이 기름 부음을 받는다. 그리고 성경은 이어서 다윗이 골리앗을 이긴 내용을 얘기한다. 하나님께 기름 부음 받은 사람이 어떤 사람인지를 골리앗을 통해서 소개하는 것이다.

다윗이 골리앗을 이긴 것을 모르는 사람은 없다. 사람들은 으레 '믿음'을 얘기한다. 비록 다윗은 어린 나이였지만 믿음이 있었기 때문에 골리앗을 이길 수 있었다는 것이다. 여기에 반해서 사울을 비롯한 당시 이스라엘은 믿음이 없었기 때문에 벌벌 떨었다고 한다. 물론 맞는 말이다. 다른 사람들한테는 믿음이 없었고 다윗한테는 믿음이 있었다. 하지만 그런 사실을 얘기하느라고 골리앗이 등장하는 것은 아니다. 골리앗을 통해서 사람들 보기에 합당한 왕 사울과 하나님 보시기에 합당한 왕 다윗을 대조하는 것이다.

골리앗은 키가 여섯 규빗 한 뼘(약 296cm)에 입고 있는 갑옷의 무게가 오천 세겔(57.1kg)이나 되는 거인이었다. 그런 용사가 싸움을 돋우는데 누가 응할 수 있겠는가? 죄다 겁에 질릴 수밖에 없었다.

누군가 나서야 한다면 그 주인공은 당연히 사울이어야 했다. 당시 이스라엘에서 사울이 가장 용사였기 때문이다. 사울은 다른 사람들보다 어깨 위만큼 더 큰 사람이었다. 대략 2m쯤 되었던 모양이다. 그런 사울이 싸우지 않으면 누가 싸울 수 있겠는가? 이스라엘이 왕을 세운 이유도 그런 때문이었다.

교회 안에 있다고 해서 모두가 하나님으로 힘을 삼는 것은 아니다. 여전히 세상으로 힘을 삼는 사람이 있다. 그런 사람은 자기한테 있는 힘보다 더 큰 힘으로 무장한 세상 세력이 나타났을 때 속절없이 무너지게 된다. 예수를 믿는다고 하면서도 돈을 자랑하는 사람은 자기보다 돈이 더 많은 불신자한테 능멸 당할 것이고, 높은 자리를 탐내는 사람은 자기보다 더 높은 자리에 있는 불신자한테 모욕을 받을 것이다. 그래서 성경은 사울을 소개하면서 가장 먼저 키를 말한 것처럼 골리앗 역시 키를 말한다. 골리앗은 사울과 비교도 안 되는 용사였다.

어떤 교회를 가리키면서 '작지만 내실 있는 교회'라고 하는 것을 들은 적이 있다. '작은 교회는 원래 내실이 없다'는 전제를 가지고 하는 얘기이기 때문에 듣기에 어색했다. 하지만 이어지는 얘기는 더 고약했다. 교인 수는 많지 않지만 교인들 신앙 수준이 높다는 것이 아니라 교인 중에 약사도 있고 교수도 있다는 것이었다. 대체 교회의 내실과 교인의 사회적인 지위가 무슨 관계가 있는가? 세속적인 사고가 교회 안에 스며든 단적인 예다. 교회의 내실은 교인들의 사회적인 지위로 결정되는 것이 아니라 교인들의 신앙에 따라서 결정된다.

현실은 그렇지 않다. 자기한테 있는 신앙을 골리앗 같은 힘으로 확인하고 싶어 하는 예가 비일비재하다. 돈을 많이 벌어야 마음이 놓이고 건강해야 은혜를 입은 것 같고 대학에 합격해야 복을 받은 것 같다. 조만간 자기한테 있는 힘보다 더 큰 세상 힘 앞에 초라한 모습으로 전전긍긍하게 될 것이다.

각설하고 골리앗을 물리쳐야 할 1차 책임은 사울한테 있었다. 그런데 그 책임을 감당할 재간이 없는 사울이 슬그머니 편법을 쓴다. 골리앗을 이기는 사람에게 많은 재물을 주고 사위로 삼겠다고 한 것이다. 국가에 큰 공을 세운 장수가 공주를 아내로 맞는 얘기는 동화에도 종종 등장한다.

같은 일이 지금도 있다. 교인들 역시 자기들의 신앙 책임을 목사한테 미룬 채 자기들은 목사를 잘 대접하기만 하면 그것으로 책임이 다 되는 줄 안다. 자기들이 직접 신자답게 살아야 하는 줄은 모르고 "그런 일을 우리가 어떻게 하느냐?"고 반문하기도 한다. 단언하거니와 신자답게 살아야 한다는 절대 명제 앞에서는 목사와 교인이 동등하다. 목사는 반드시 말씀대로 살아야 하지만 교인들은 경우에 따라서 그렇게 살지 못해도 별 수 없다는 얘기는 성경 어디에도 없다. 교인은 목사 앞에 가서 다소곳하게 머리 조아려서 말씀을 듣고, 필요할 때 기도만 받으면 되는 사람이 아니라 세상에 나가서 직접 빛과 소금으로 살아야 하는 사람이다.

이런 얘기를 하면 고개를 가로젓는 사람이 한둘이 아니다. 아무리 그래도 목사와 평신도가 어떻게 같을 수 있느냐는 것이다. 그러면 군인으로 바꿔서 생각해 보자. 군인정신이 장교한테 필요할까, 사병한테 필요할까? 군인정신은 장교와 사병한테 똑같이 필요하다. 물론 장교가 되어서 사병만큼도 군인정신으로 무장되어 있지 않으면 반성해야 한다. 하지만 군인정신이 장교한테는 꼭 필요하지만 사병한테는 없는 것보다는 있는 것이 좋다는 식의 얘기에 동의할 사람은 아무도 없을 것이다. 사병은 모든 책임을 장교한테 떠넘기고 복무연한만 채우면 되는 사람이 아니라 조국 수호의 책임을 직접 감당해야 하는 사람이다.

이때 사울은 자기 갑옷과 칼을 다윗한테 주려고 했다. 이유가 무엇일까? 그런 것이 있으면 골리앗과 싸우는데 도움이 될 줄 알았기 때문이다. 그의 평소 생각이 그대로 나타난 것이다.

사울은 이스라엘에서 가장 기골이 장대한 용사였다. 어린 소년한테 그의 갑옷이 맞을 리가 없다. 애들이 전쟁놀이를 할 때는 집에 있는 아버지 군복을 꺼내 입으면 폼이 날 것이다. 또래들 앞에서 우쭐댈 수도 있다. 하지만 정말로 전쟁을 한다면 무용지물이다. 도움은 고사하고 오히려 방해만 된다.

처음부터 다시 생각해 보자. 사울은 골리앗과 싸울 엄두도 내지 못했다. 그의 갑옷과 칼이 골리앗 앞에서는 무용지물이었다. 그런데 그것을 다윗한테 주는 것은 무슨 심보일까?

우리한테 물들어 있는 세속적인 편견이 그만큼 뿌리가 깊다. 교회에서는 돈이나 학력을 따지지 않고 신앙을 따진다고 아무리 얘기해도 듣기만 할 뿐, 속으로는 딴 생각을 한다. 실제로 돈이 있는 사람이 장로를 해야 한다는 말을 한두 번 들은 게 아니다. 교회학교에서 자기 아이를 담임하는 교사가 명문대 학생이었으면 좋겠다고 하는 어머니도 봤다. 쌍꺼풀 없는 사람이 하나님께 영광 돌리는 것보다는 쌍꺼풀 있는 사람이 하나님께 영광 돌려야 하나님께서 더 기뻐하시는 줄 아는 모양이다.

이때 다윗은 사울의 갑옷을 거절했다. 당연히 거절해야 한다. 그 갑옷을 입고 골리앗을 이기면 골리앗을 이긴 공로가 사울한테도 돌아갈 텐데, 그럴 수는 없다.

한편, 다윗을 본 골리앗은 기가 막혔다. 이스라엘에서 가장 용맹한 장수가 나와도 가당치 않을 텐데 웬 소년이 나왔기 때문이다. 하지만 다윗은 자기가 열심히 싸워서 이겨야 하는 사람이 아니라 이미 이겨놓은 싸움을 싸우는 사람이었다.

아닌 게 아니라 이 싸움은 다윗이 이겨야 제격이다. 만일 사울이 나가서 이기면 사울이 영웅이 될지언정 하나님의 영광은 조금도 나타나지 않게 된다. 이스라엘 입에서도 "역시 우리가 왕을 세우기를 잘했어!"라는 얘기가 나올 것이다. 그러니 이번 싸움에서 사울로 대표되는 이스라엘은 철저하게 무시당하고 다윗이 새로운 시대의 개막을 선포해야 한다. 이 세상을 장악하고 있는 힘은 세속적인 원리가 아니라는 사실을 천명해야 한다.

이때 다윗이 사용한 무기는 엉뚱하게도 돌멩이였다. 그것을 던지자, 골리앗의 이마에 박혔다. 하나님께서 개입하셨다는 단적인 징표다. 골리앗은 놋 투구와 비늘 갑옷, 놋 각반, 놋 단창으로 무장한 상태였다. 온몸을 놋으로 감쌌으니 밖으로 드러난 곳이 얼굴뿐이었다. 돌팔매질을 해서 얼굴을 맞히는 것도 그렇지만, 그렇게 맞힌 돌멩이가 이마에 박혔다는 것은 사람이 한 일이 아니라는 뜻이다.

하지만 누군가 돌멩이를 던지기는 해야 했다. 돌멩이도 던지지 않았는데 저절로 골리앗이 죽을 수는 없다. 우리가 하나님께 드려야 하는 충성은 고작해야 돌멩이를 던지는 정도의 일이다. 어쩌면 우리는 돌멩이 하나 던질 열심도 없어서 벌벌 떨고 있는 것이나 아닌지 모른다.

골리앗을 무찌른 공로로 다윗은 일약 영웅이 되었다. 그리고 한편으로는 사울의 박해를 받게 된다. 급기야 블레셋 땅으로 도망가기에 이르렀다. 사울의 박해가 그만큼 집요하고 심각했다.

그렇다고 해서 블레셋이 다윗을 흔쾌히 받아들인 것도 아니다. 골리앗을 죽인 원수가 제 발로 나타났으니 당연히 원수를 갚아야 했다. 다윗은 절체절명의 순간에 기지를 발휘해서 미친 사람 흉내를 냈다. 괜히 성문을 두들기기도 하고 수염에 침을 질질 흘리기도 했다. 참으로 흉한 몰골이 아닐 수 없다.

이렇게 해서 목숨을 건진 다윗이 아둘람 굴로 피했는데, 많은 사람이 다윗한테 모여들었다. 주로 이 세상에서 어려움을 겪고 있는 난민들이었다. 그러던 차에 블레셋이 그일라를 침공하는 일이 벌어졌고, 다윗이 그 일을 놓고 기도했다. 자기가 과연 그일라를 구해야 하겠느냐고 하나님의 뜻을 물었더니 하나님께서는 블레셋을 치고 그일라를 구하라고 하셨다.

본래 이 일은 사울의 소임이다. 그런데 사울은 어디에 갔는지 보이지 않는다. 이스라엘 왕으로 세워졌으면서도 이스라엘 백성이 고통 받는 현장에 나타나지 않았다. 그래서 다윗이 그 일을 했다. 여우도 굴이 있고 공중의 새도 집이 있으되 머리 둘 곳도 없으셨던 예수님께서 묵묵히 이 땅에서 구원 사역을 감당하셨듯이 다윗도 그렇게 했다. 당장 자기 한 몸 누힐 공간도 없으면서 그일라 거민들을 구원했다.

사울을 피해 숨어 지내는 다윗이 신음 중인 백성을 구원하는 것은 일견 어울리지 않을 수 있다. 지금은 자기 사정이 워낙 다급하니까 나중에 왕위에 오른 다음에 백성을 구원하는 것이 어떨까 싶기도 하다. 난민 집단을 몰고 다니면서 백성을 구원하는 것보다 군복을 말쑥하게 차려입은 군인들을 동원하여 기치창검을 높이 들고 나가는 것이 훨씬 더 멋있어 보이지 않겠는가?

하나님 말씀은 그게 아니었다. 모든 조건이 충족된 다음에 이스라엘 백성을 구원할 것이 아니라 지금 당장 그 일을 시작하라고 하셨다. 이 내용은 우리에게 시사하는 바가 크다. 걸핏하면 아직 때가 아니라고 하고, 걸핏하면 자기 사정을 핑계 대는 사람들이 있기 때문이다. 무슨 일이 그렇게 바쁜지 늘 바쁘다고 한다. 심지어는 먹고사는 문제가 해결되어야 예수를 믿을 것 아니냐고 항변하는 사람도 있다.

만일 다윗이 "내가 하나님께 기름 부음을 받은 것은 맞지만 지금은 사정이 여의치 않다. 나한테 왕권이 주어지기 전에는 일단 내 앞가림부터 해야 하겠다." 하고 발뺌했으면 그런 다윗을 보는 우리의 마음이 어떨까? 그런데 그런 모습이 왕왕 보인다. 모든 여건이 갖춰지기 전에는 신자답게 살지 않아도 되는 줄로 아는 사람이 한둘이 아니다.

각설하고 다윗은 자기 사정이 여의치 않음에도 불구하고 자기 할 일을 했다. 다윗만 자기 할 일을 한 것이 아니다. 사울도 자기 할 일을 했다. 열심히 다윗을 쫓아다니면서 다윗을 죽이려고 한 일이다.

하루는 사울이 어떤 굴에 들어가서 잠을 청했다. 마침 다윗이 피해 있는 굴이었다. 다윗한테 사울의 압제를 벗어날 수 있는 다시없는 기회가 주어진 셈이다. 부하들도 빨리 사울을 죽이자고 채근했다. 하지만 다윗은 사울의 옷만 베었다. 사울은 하나님께서 기름을 부으신 사람인데 죄가 있으면 하나님께서 벌해야지, 자기가 손을 대는 것은 옳지 않다는 이유였다. 사울이 자기한테 어느 만큼 못되게 굴었느냐 하는 것은 아예 고려 대상이 아니었다.

사람들이 다른 사람을 대하는 기준은 그 사람이 자기한테 어떻게 했느냐 하는 것이다. 그런데 다윗은 그렇지 않았다. 하나님이 유일한 기준이었다. 사울이 다윗 앞에서 무방비 상태로 잠든 것은 복수를 할 수 있는 기회가 아니라 자비를 베풀 수 있는 기회였다. 미우라 아야꼬가 한 말이 생각난다. "백사장에서 반지를 주웠다면 하나님께서 횡재하게 하신 것이 아니라 정직할 수 있는 기회를 주신 것이다."

그런 일이 한 번으로 끝난 게 아니다. 사울은 다윗이 자기를 죽이지 않은 것을 알았으면서도 다윗을 해하려는 마음을 버리지 않았다. 다윗이 십 황무지에 있을 때의 일이다. 사울이 군사 3,000명을 이끌고 다윗을 찾아 나섰다. 그런 중에 다윗이 수하 아비새와 함께 사울의 진으로 정탐을 갔다. 마침 사울은 진 가운데서 곤히 자고 있었다. 아비새가 얼른 사울을 죽이자고 했지만 다윗은 그때도 허락하지 않았다. 자기가 왔다 갔다는 징표로 사울의 머리 곁에 있는 창과 물병만 가지고 나왔다. "내가 지난번에 살려주었는데도 또 나를 죽이려고 한다"는 이유로 사울을 해할 법도 했지만, 하나님께서 기름 부으신 자를 해하는 것은 옳지 않다는 다윗의 원칙에는 변함이 없었다. 하기야 상황에 따라 변하면 원칙이 아니다.

그렇다고 해서 사울을 죽이자고 한 아비새가 틀린 것은 아니다. 아비새처럼 하는 것이 정상이다. 하지만 우리는 남들이 말하는 옳고 그른 수준을 넘어야 하는 사람들이다. 인간적이라는 말이 교회 밖에서는 바람직한 뜻으로 쓰이지만 교회 안에서는 책망하는 뜻으로 쓰이는 법이다. 우리는 "다른 사람들은 이럴 때 어떻게 하느냐?"가 기준이 아니라 "우리가 어떻게 하는 것을 하나님께서 기뻐하시는가?"가 기준인 사람들이다.

물론 하나님께서 다윗한테 기름을 부어 이스라엘 왕으로 삼으신 것은 맞다. 사울을 죽이면 왕이 되는데 도움이 되기도 할 것이다. 하지만 하나님께서 기뻐하시는 일은 하나님께서 기뻐하시는 방법대로 이루어야 한다. 일을 이루는 기회보다 일을 이루는 원칙이 더 중요하다.

사울을 두 차례나 살려준 다윗이 블레셋으로 망명하기에 이른다. 앞에서도 블레셋으로 피했던 적이 있다. 그때 하마터면 목숨을 잃을 뻔했는데, 또 블레셋 땅으로 가는 것이 어떻게 가능할까?

다윗이 어느 만한 시간이 지나서 블레셋에 갔는지는 모른다. 하여간 제법 많은 시간이 지났을 것이다. 또 블레셋도 다윗이 사울의 탄압 때문에 고생한다는 사실을 알았을 것이다. 그러니 적의 적은 친구라는 논리로 얼마든지 다윗이 수용되었을 수 있다. 블레셋의 적성국인 이스라엘 왕은 사울이지, 다윗이 아니다. 다윗은 사울에 의해 쫓겨난 사람이니 자기네 나라에 도움이 될 줄로 생각했을 것이다.

이때 다윗은 시글락이라는 작은 성에 거했는데, 블레셋 땅에서 보낸 기간이 1년 4개월이었다. 그 성에 거하는 동안 다윗은 틈만 나면 그술 사람과 기르스 사람과 아말렉 사람을 쳤다. 이방 땅에 피해 있으면서도 이스라엘을 구원하는 일을 멈추지 않았다.

그것만이 아니다. 지금까지는 사울을 피하느라 목숨을 부지하기 급급했는데 이제는 힘을 기를 수 있게 되었다. 군사를 조련할 수도 있고 양식을 비축할 수도 있게 되었다. 비로소 부국강병을 연습할 수 있게 된 것이다.

마침내 사울이 죽었다. 블레셋에 망명 가 있던 다윗도 유다 땅 헤브론으로 돌아왔다. 하지만 사울이 죽었다는 이유로 저절로 이스라엘 왕좌가 주어진 것은 아니다. 다윗은 유다 지파 출신이다. 유다 지파 사람들은 다윗을 왕으로 인정했지만 다른 지파 사람들은 인정하지 않았다. 다윗은 헤브론에서 7년 6개월 동안 유다를 다스렸다. 사울이 죽은 다음에도 7년 6개월이 지나서야 비로소 이스라엘 전체를 다스리는 왕이 될 수 있었다.

왕으로 옹립된 다윗이 가장 먼저 한 일은 예루살렘을 정복한 일이다. 여호수아가 가나안 정복 전쟁을 벌인 것이 400년 전인데 그때까지도 예루살렘이 이스라엘 영토가 아니었다.

결국 다윗은 주변 모든 도성이 하나님 나라에 편입되었음에도 불구하고 하나님 나라에 편입되기를 거부하던 도성을 정복하는 것으로 언약의 땅에 남아 있던 가나안 잔재를 청산한 것이다. 이스라엘의 모든 사람들보다 어깨 위만큼 더 큰 용사였던 사울이 40년 동안이나 왕위에 있었으면서도 엄두를 내지 못하던 일을 왕이 되자마자 단숨에 이루었다.

그다음에 한 일은 법궤를 모신 일이다. 일찍이 이스라엘이 블레셋과 싸우다가 법궤를 빼앗긴 적이 있었다. 그 후에 법궤는 벧세메스를 거쳐서 기럇여아림(바알레유다)에 있는 아비나답의 집에 머무르게 되었는데 사울이 왕으로 있는 동안에는 전혀 신경을 쓰지 않았다.

다윗은 달랐다. 나라가 안정되자마자 법궤를 모실 생각을 했다. 그런데 법궤를 모시는 과정에서 불의의 사고가 발생한다. 법궤를 실은 수레를 끌던 소들이 갑자기 뛰자, 수레를 몰던 웃사가 법궤를 붙들었고, 결국 죽고 만 것이다.

대체 왜 죽었을까? 아니, 하나님이 왜 죽였을까? 법궤에 손을 댄 것이 아무리 잘못이라도 '사형 판결'을 내려야 할 만큼 잘못일까? 법궤를 수레에 실을 때는 손을 대지 않고 실었다는 얘기인가? 왜 그 사람은 안 죽고 웃사만 죽는가? 법궤는 레위인이 어깨로 메어 옮기는 성물인데 짐승이 끄는 수레에 실어서 옮긴 것이 잘못이라는 말도 들은 적 있다. 그 얘기도 마찬가지다. 그러면 법궤를 수레에 실은 사람한테도 책임을 물어야 할 것 아닌가?

예전에 "그러면 법궤가 넘어지거나 말거나 그냥 놓아두는 것이 옳습니까?"라는 질문을 받은 적이 있다. 성경에는 웃사가 법궤를 붙들었다는 기록만 있지, 법궤가 넘어질까 싶어서 붙들었다는 기록은 없다. 소들이 뛰었고 웃사가 법궤를 붙들었으니 지레 넘어질까 싶어서 붙든 것으로 단정한 것이다.

리어카로 장롱을 옮기는 것과 뒤주를 옮기는 것은 다르다. 장롱은 조심하지 않으면 넘어질 우려가 있지만 뒤주는 여간해서는 넘어지지 않는다. 그러면 법궤는 어떨까? 법궤는 길이가 두 규빗 반(114cm)이고 너비와 높이가 한 규빗 반(68.4cm)이다. 장롱처럼 무게 중심이 위에 있는 물건이 아니라 뒤주처럼 제법 안정감 있는 물건이다. 수레가 덜컹거렸다고 해서 쉽게 넘어지지 않는다. 잠깐 흔들리고 말았을 것이다. 무엇보다 성경에 "그들이 나곤의 타작마당에 이르러서는 소들이 뛰므로 웃사가 손을 들어 하나님의 궤를 붙들었더니(삼하 6:6)"라고 되어 있다.

어린 시절에 소달구지를 탔던 기억이 있다. 수레의 높이는 그리 높지 않다. 지면에서 50cm쯤 되지 않았나 싶다. 더 높아봐야 60cm다. 그런 수레에 높이가 68.4cm인 법궤를 실었다. 그러면 법궤 상단은 어지간한 사람의 가슴보다 아래에 있게 된다. 그런데 소들이 뛰자, 웃사가 손을 들어서 법궤를 붙들었다고 한다. 손을 왜 들었을까?

선반에 있는 물건이 떨어지려고 하면 손을 들어서 붙드는 것이 맞지만 가슴보다 아래 있는 물건을 붙들기 위해서 손을 들 이유는 없다. 결국 급한 상황이 아니었다는 뜻이다. 화급하게 법궤를 붙들려면 손을 뻗어서 붙들어야지, 손을 들 틈이 없다. 어쩌면 웃사는 거들먹거리는 동작으로 손을 들어서 소매를 걷었는지도 모른다. "어허! 참, 가만히 좀 있지…" 하는 마음으로 법궤를 붙든 것이다.

성경을 꼼꼼하게 읽으면 이상한 점이 또 있다. "다윗이 이스라엘에서 뽑은 무리 삼만 명을 다시 모으고 다윗이 일어나 자기와 함께 있는 모든 사람과 더불어 바알레유다로 가서 거기서 하나님의 궤를 메어 오려 하니 그 궤는 그룹들 사이에 좌정하신 만군의 여호와의 이름으로 불리는 것이라(삼하 6:1-2)"에서 알 수 있는 것처럼 애초에 다윗은 법궤를 메어 오려고 했다. 그런데 정작 법궤는 수레에 실어서 나타났다. 그동안 법궤를 간수한 웃사가 작용했을 것이다. 그렇지 않고서야 메어 오려고 했던 법궤를 수레에 실을 이유가 없다. 그 웃사가 손을 들어서 법궤를 붙들었다가 죽었다. 웃사한테는 그 법궤가 자기 마음대로 할 수 있는 자기 소유의 물건이었다. 법궤를 마음대로 제어하는 자신이 자랑스러웠을 수도 있다. 숱한 인파가 지켜보는 가운데 호기롭게 법궤를 내려다보며 가는데 법궤가 흔들거리니 자기가 누구인지 드러내고 싶기도 했을 것이다. 결국 하나님의 진노를 사서 죽고 말았다.

이 일 때문에 법궤를 옮기려던 계획이 중단되었다가 3개월 후에 다시 시행된다. 그때 법궤가 예루살렘으로 들어오자, 다윗은 춤을 추며 기뻐했다.

당시 히브리 사람들은 통으로 된 원피스를 입었다. 요즘은 '독립문'이니 '쌍방울'이니 하는 내의가 있지만 그 시절에 그런 것이 있을 턱이 없다. 그런데 덩실덩실 춤을 췄다는 얘기는 하체가 드러나는 수치에 아랑곳하지 않았다는 뜻이다. 다윗은 일국의 왕이다. 백성들 앞에서 그런 모습을 보일 수 있는 사람이 아니다. 하지만 법궤를 모시는 기쁨에 비하면 전혀 문제가 되지 않았다. 자기가 하나님의 은혜를 입게 된 것을 어느 만큼 기뻐하는지가 곧 그 사람의 영성이다.

법궤를 예루살렘성으로 모신 다윗은 성전을 건축할 마음을 품는다. 자기는 백향목 궁에 거하는데 법궤는 장막에 있는 것이 마음에 걸렸던 것이다. 그런데 하나님께서 허락하지 않으셨다. 성전은 다윗이 아닌 솔로몬 한테 짓게 하려는 하나님의 계획이 있었다.

솔로몬은 평화의 왕이다. 이스라엘의 인사말 샬롬이 솔로몬과 어원이 같다. 솔로몬은 말 그대로 샬롬의 왕이다. 거기에 반해서 다윗은 사방의 모든 대적을 굴복시켜서 하나님 나라를 선포한 사람이다. 무릇 평강은 하나님의 싸움을 마친 다음에 누릴 수 있다. 그런 의미에서 다윗은 성전 건축에 어울리지 않는다. 다윗은 하나님의 평강을 선언하는 일을 맡은 사람이 아니라 이스라엘 영토를 확장시켜서 하나님께서 아브라함에게 하신 언약을 성취하고 주변 모든 나라를 굴복시켜서 장차 이 땅에 선포 될 그리스도의 왕국을 예표하는 역할을 맡은 사람이다.

그런 다윗의 행적은 실로 대단하다. 마치 완벽한 신앙 영웅을 보는 것 같다. 믿음으로 골리앗을 이겼을 뿐만 아니라 사울에게 고난을 받을 때도 자기 손으로 보복을 하지 않았다. 이스라엘 왕이 된 다음에는 그때까지도 하나님의 통치를 거부하던 예루살렘을 여부스 족속의 손에서 빼앗기도 했다. 하나님의 언약이 있는 땅에서 가나안의 잔재를 완전히 청산한 것이다. 또 법궤도 모셨다.

하지만 치명적인 잘못도 있다. 우리야의 아내 밧세바를 범한 일이다. 다윗이 밧세바를 범한 사실은 얼핏 생각하면 "완벽하게 보이는 다윗도 결점이 있었다. 이 세상에 완전한 사람은 없다. 다윗 같은 사람도 시험에 걸려 넘어졌다는 사실을 교훈 삼아서 우리는 늘 주의하여야 한다."라는 내용을 알려주는 것 같지만 그렇지 않다. 성경이 다윗과 밧세바 사건을 통해서 우리한테 보여주는 내용은 '여색에 약한 다윗의 문제'가 아니라 '죄에 무기력한 우리의 문제'다.

이스라엘과 암몬 사이에 전쟁이 벌어진다. 다윗은 참전하지 않고 왕궁에 있었다. 하루는 낮잠을 즐기다 왕궁 지붕을 산책했는데 마침 어떤 여인이 목욕하는 것을 보게 된다. 우리아의 아내 밧세바였다. 우리아는 암몬과의 전쟁에 나가 있었다. 다윗이 밧세바를 불러서 동침했는데, 밧세바가 임신을 하게 된다. 그 소식을 들은 다윗이 우리아를 부른다. 밧세바와 동침하게 해서 자기의 부정을 감추려는 의도였다. 그런데 우리아는 과분하게 충성스러운 장수였다. 동료들이 전부 전쟁터에 있는데 혼자만 편하게 잘 수 없다고 하여 야영을 한 것이다.

우리아를 밧세바와 동침하게 하려는 계획에 차질이 생기자, 다윗은 계획을 업그레이드시켰다. 전투가 가장 치열한 곳에 우리아를 배치했다가 중간에 전부 퇴각해서 우리아를 죽게 하라고 한 것이다. 가엽게도 우리아는 자기를 죽이라는 명령이 담긴 편지를 자기 손으로 전달했다. 그 편지를 쓴 사람은 자기 아내를 가로챈, 자기의 왕이었다.

여기에 반해서 우리가 섬기는 왕은 어떤가? 우리아가 섬기는 왕은 우리아를 죽게 하라는 명령을 담은 편지를 전하게 했지만, 우리가 섬기는 왕은 우리를 위해서 대신 죽으셨다는 소식을 전하게 하신다. 우리아가 섬기는 왕은 우리아의 아내를 빼앗은 파렴치한 사람이지만, 우리가 섬기는 왕은 하늘에 속한 모든 신령한 복을 우리에게 주시기를 기뻐하시는 분이다. 우리는 적어도 우리아가 다윗을 섬겼던 것보다 더 큰 충성으로 주님을 섬길 수 있어야 한다.

불행하게도 다윗의 계획이 성공하고 말았다. 우리아가 전쟁 중에 죽은 것이다. 이렇게 해서 우리아의 일은 감쪽같이 해결되었고 다윗은 밧세바를 자기 아내로 삼는다.

하루는 나단이 찾아와서 얘기한다. "한 성에 두 사람이 있는데 한 사람은 부자이고 다른 사람은 가난합니다. 부자에게는 양과 소가 심히 많았지만 가난한 자에게는 암양 새끼 한 마리뿐이었습니다. 가난한 사람이 그 암양 새끼를 마치 자기 딸처럼 키웠는데 부자에게 손님이 오자, 그 부자가 자기 소유를 아껴서 가난한 사람의 암양 새끼를 빼앗아 그것으로 자기 손님을 대접했다면 어떻게 해야 합니까?" 그 얘기를 들은 다윗이 크게 노했다. 그런 악행을 한 사람은 당연히 죽어야 하고, 그 사람이 빼앗은 양은 4배로 갚아 주어야 한다고 했다.

운전을 할 적에 자기가 끼어들면 운전 솜씨가 좋은 것이고 다른 사람이 끼어들면 얌체 운전이다. 자기가 양보를 안 하면 바빠서 그런 것이고 다른 사람이 양보를 안 하면 매너가 없는 것이다. 사람들의 기준은 항상 이중적이다. 같은 일을 해도 자기가 했을 때와 다른 사람이 했을 때의 평가가 다르다.

교회에서 슬픈 일을 당한 사람이 있으면 찾아가서 성경 말씀으로 위로한다. 하지만 같은 일이 자기한테 닥쳤을 때 자기가 말했던 내용을 떠올리며 스스로 위로 받는 사람은 없다. 알고 있는 정답을 다른 사람한테는 적용하면서 자기한테 적용할 줄은 모른다. 다윗 역시 예외가 아니었다. 자기 얘기인 줄도 모르고 추상같은 목소리로 '사형!' 판결을 내렸다.

다윗이 사형 판결을 내렸다는 사실보다 더 주목해야 할 사실이 있다. 빼앗은 양을 4배로 갚아주어야 한다고 한 사실이다. 율법에 따르면 다른 사람의 양을 도적질하면 4배로 갚아주게 되어 있다. 다윗은 율법을 알고 있으면서도 자기가 율법을 범하고 있다는 사실은 까맣게 몰랐다.

이것이 죄의 무서움이다. 사람들은 "봐라, 다윗도 실수를 했다. 우리는 늘 조심해야 한다."라고 얘기하지만 성경이 말하고자 하는 내용은 그 정도가 아니다. 우리가 죄에 대해서 철저하게 무기력하다는 사실이다. 도무지 방법이 없다.

다윗이 어떤 사람인가? 골리앗을 이긴 믿음의 용사다. 자기를 죽이려는 사울을 두 번씩이나 살려주었을 만큼 하나님을 신뢰하는 사람이다. 언약궤가 예루살렘으로 들어올 적에는 한 나라의 왕이라는 지엄한 신분인데도 어린아이처럼 춤을 추며 좋아했던 사람이다. 장차 성전을 짓기 위해서 금 십만 달란트와 은 백만 달란트 그리고 무게를 달 수 없을 만큼 심히 많은 놋과 철을 준비하기도 했다. 이만하면 족할 것 같은데 성전을 향한 다윗의 마음은 끝이 없었다. 나중에 다시 자기 재산으로 금 삼천 달란트와 은 칠천 달란트를 더 내놓았다. 국가의 모든 역량을 성전에 집중시키는 것에 그친 것이 아니라 자기 재산도 그렇게 했다.

그런 다윗이었지만 정작 죄의 유혹에 노출되었을 때는 항거 한 번 해보지 못하고 포로가 되었다. 그때 다윗은 "이러면 안 되는데… 이러면 안 되는데…" 하면서도 정욕에 이끌려 죄를 범한 것이 아니었다. 자기가 죄를 짓고 있다는 생각 자체가 없었다.

여인의 미추를 구분할 수 있는 거리가 얼마나 될까? 10m 정도 떨어진 거리에 있는 여인이 얼마나 아름다운지 분간할 수 있을까? 다윗이 몰래 문틈으로 밧세바를 훔쳐보다가 그 미모에 반한 게 아니다. 왕궁 지붕을 거닐다가 밧세바가 목욕하는 것을 보았다. 왕궁과 밧세바의 집이 어느 만큼 가까이 있었는지는 몰라도 미모를 분간할 수 있는 거리는 분명히 아니었을 것이다. 그런데 다윗한테는 아름다워 보였다. 눈에 뭔가가 씌었다는 뜻이다. 죄의 포로가 된다는 것이 바로 그렇다. 이 사건이 주는 교훈은 "다윗도 실수를 했다. 그러니까 조심해라!"가 아니다. "우리는 구제불능이다. 죄를 이기는 길은 하나님의 은혜를 입는 길뿐이다."이다.

이때 다윗이 지은 참회시가 시편 51편이다. 시편 51편의 내용은 "하나님, 잘못했습니다. 한 번만 용서해주시면 다음부터는 조심하겠습니다."가 아니다. "하나님, 어떻게 합니까? 이것이 제 수준입니다. 제가 할 줄 아는 것은 죄 짓는 것뿐입니다."이다. 자기가 하고 싶은 일을 했을 뿐인데 문득 뒤돌아보니 그 모든 일이 죄라는 사실을 깨달았을 때 다윗이 받은 충격은 엄청났을 것이다. 다윗은 그 모든 대가를 치르고서야 자기가 어느 만큼 죄에 대해서 무력한지를 깨달았다.

흔히 독서를 '간접 경험'이라고 한다. 다윗이 그 모진 과정을 겪어서 자기가 어느 만큼 죄에 대해서 무력한지를 깨달았으면 우리는 그런 과정 없이 알 수 있어야 한다. 다윗도 별 수 없다고 하면서 혀를 차는 것으로는 모자라다.

성경에서 다윗은 두 가지 모델을 보여준다. 주변 모든 나라를 정벌해서 이스라엘을 강성하게 만든 것은 장차 이 땅에 도래할 그리스도의 왕국을 보여준다. 다윗이 그리스도를 예표하는 셈이다. 하지만 그것만이 아니다. 밧세바를 범한 것에서 죄인의 전형적인 모습을 볼 수도 있다. 다윗은 이스라엘에 대해서는 그리스도를 보여주는 한편 하나님 앞에서는 죄에 대해서 철저하게 무기력한 인간을 보여준다.

다윗이 밧세바를 범해서 일어난 파장은 실로 엄청났다. 그 일로 칼이 다윗의 집을 떠나지 않게 되는데, 아들 압살롬이 반역한 것이 대표적인 사건이다. 그때 다윗은 신발도 신지 못한 채 피난해야 했고, 압살롬은 다윗의 후궁과 동침하는 패륜을 범하기까지 했다. 그런 다윗을 저주하는 사람도 있었으니 다윗의 처지가 말이 아니었던 셈이다.

그렇다고 해서 왕좌에서 쫓겨난 것은 아니었다. 이어 벌어진 다윗과 압살롬의 전쟁에서 다윗이 이긴다. 그리고 압살롬은 전쟁 와중에 죽게 된다. 그 소식을 들은 다윗은 차라리 자기가 대신 죽었으면 좋았을 것이라며 통곡한다.

다윗의 통곡은 부성애 때문이 아니었다. 자기가 대신 죽어서라도 아들은 살리고 싶은 아버지의 심정이 아니라 다른 이유가 있었다. 압살롬의 반란이 일어난 원인이 무엇이었는가? 밧세바의 일로 인한 다윗의 죗값이었다. 다윗이 자기 죄로 죽었으면 압살롬이 죽는 일은 일어나지 않았을 것이다. 다윗은 그 사실을 슬퍼했다. 압살롬의 죽음이 전적으로 자기 잘못이라는 것이다. 성경의 관심은 압살롬한테 있지 않고 다윗한테 있다. "압살롬이 얼마나 패역한 자식이었느냐?"가 문제가 아니다. "다윗이 그 일 때문에 얼마나 고초를 겪었는지 아느냐?"가 문제다. 나단을 통한 저주가 다시금 새롭다.

> 이제 네가 나를 업신여기고 헷 사람 우리아의 아내를 빼앗아 네 아내로 삼았은
> 즉 칼이 네 집에서 영원토록 떠나지 아니하리라 하셨고 여호와께서 또 이와 같
> 이 이르시기를 보라 내가 너와 네 집에 재앙을 일으키고 내가 네 눈앞에서 네
> 아내를 빼앗아 네 이웃들에게 주리니 그 사람들이 네 아내들과 더불어 백주에
> 동침하리라(삼하 12:10-11)

우리는 '값없이 얻는 구원'에 익숙해 있어서 죄 용서를 너무 쉽게 여기는 경향이 있다. 그러다 보니 다윗이 회개했는데 왜 이런 일이 있어야 하는지 의

아할 수 있다. 하나님도 소심하시지, 왜 대범하게 털어버리지 못하고 이렇게 두고두고 앙갚음을 하신단 말인가?

죄를 사함 받는다는 것은 "하나님, 죄송합니다." 하고 말 한 마디만 하면 그것으로 모든 것이 원인 무효가 된다는 얘기가 아니다. 우리의 죄로 인해서 예수님은 십자가에서 돌아가셨다. 다윗은 그리스도를 예표하는 인물이다. 우리에게 당연히 죄의 무게를 보여주어야 한다. 우리는 다윗을 통해서 하나님의 언약이 이루어지는 모습만 보면 되는 것이 아니라 죄가 얼마나 무서운지도 알아야 한다.

십수 년 전, 여중생 둘을 치어 숨지게 한 미군 장갑차 운전병과 관제병에 대한 재판이 있었다. 그리고 그 재판 결과에 모든 국민이 분노했다. 어린 생명을 앗아간 미군들에게 무죄를 선고했기 때문이다. 사람이 죽었는데 잘못한 사람이 없다고 하는 것은 말이 되지 않는다. 아무도 잘못한 사람이 없다면 미선이와 효순이는 왜 죽었단 말인가? 온 국민이 분노한 이유가 여기에 있다.

하나님은 그런 식으로 무죄 선고를 내리지 않으신다. 손수 그 죄를 책임지셨다. 우리는 간음 중에 끌려온 여인 이야기를 알고 있다. 유대인들이 그 여인을 어떻게 하면 좋은지 물었을 때 예수님은 "너희 중에 죄 없는 자가 먼저 돌로 치라"고 하셨다. 그 여인한테 죄가 없다는 얘기가 아니다. 죄는 있다. 보통 죄가 아니라 돌에 맞아 죽어야 할 죄다. 단, 그 죄를 누가 벌하느냐가 문제다. 그 말을 들은 유대인들이 다 흩어졌을 때 예수님이 여인한테 말한다. "나도 너를 정죄하지 아니하노니 가서 다시는 죄를 범하지 말라."
그 여인을 벌할 자격이 있는 분은 예수님뿐이다. 그런데 벌하지 않겠다고
하셨다. 그러면 죄는 어떻게 되는가?

동네 아이들이 공놀이를 하다가 이웃집 유리창을 깨뜨렸다. 아이들은 전
부 사색이 되었는데 주인아저씨가 공을 돌려주면서 얘기한다. "다치지 않았
니? 조심해서 놀아라." 그 한 마디에 아이들은 전부 살판이 났다. 그러면 유
리창은 어떻게 되는가? 결국 "다치지 않았니? 조심해서 놀아라."라는 말에
는 "유리창은 내가 알아서 하마."가 포함된 셈이다. 자기가 알아서 유리창
을 갈아 끼울 마음이 없으면 절대 그 말을 못한다. 아이들한테 너그럽게 말
했다고 해서 깨진 유리창이 저절로 붙는 법은 없다.

"나도 너를 정죄하지 아니하노니 가서 다시는 죄를 범하지 말라"라는 말
도 그렇다. 예수님은 그 여인을 정죄할 자격이 있는 분이다. 그런데 정죄하
지 않겠다고 했다. 그러면 그 여인이 지은 죄는 어떻게 되는가? 흐지부지 없
어지는 것이 아니다. 그래서 예수님이 십자가를 지실 것이다. 결국 그 여인
을 정죄하지 않겠다는 예수님 말씀에는 "네 죄는 내가 담당하마."가 포함
되어 있다.

다윗이 그것을 보여주고 있다. 우리는 죄가 어느 만큼 무서운지를 분명히
알아야 한다. 죄는 절대 공짜로 용서되는 법이 없다. 반드시 그 값을 치러
야 한다.

다윗은 그의 인생 만년에 또 한 번의 화를 자초한다. 이스라엘 인구를 조

사한 것이다.

인구 조사를 하지 않는 나라는 없다. 한 나라를 다스리려면 그 나라 인구를 알아야 한다. 그런데 다윗의 인구 조사를 범죄 행위로 규정하는 이유는 '자기 힘'을 확인하는 것이었기 때문이다. 당시는 인구가 곧 국방력이었다. 지금까지 다윗은 하나님만 의지하는 사람이었다. 골리앗과 싸울 때도 그랬고, 사울을 피하여 도망 다닐 때도 그랬다. 사실 다른 선택의 여지가 없기도 했다.

그런데 나라가 강성하게 되자, 슬며시 다른 생각이 들었다. 자기한테 있는 힘을 확인하고 싶어진 것이다. 지금까지는 "하나님께서 나를 통하여 어떤 일을 하실 것인가?"라는 기대가 있었는데, 언제부터인지 "내가 나의 힘으로 무엇을 할 수 있는가?"를 자랑하려는 마음이 들었다.

이때 인구를 조사하는 데에는 9개월 20일이 걸렸다. 다윗의 힘을 가늠하는데 그만한 시간이 필요했다는 뜻이다. 또 조사된 인구가 157만이었다. 다윗에게 있는 힘을 수치로 나타내면 그만큼 되었다.

다윗이 이런 숫자를 놓고 어떻게 생각했을까? 수치로 측정된 자기 힘에 스스로 뿌듯했을 수도 있고 혹은 기대에 미치지 못해서 서운했을 수도 있다. 하지만 분명한 사실이 있다. 하나님으로 힘을 삼았을 적에는 아무리 많은 시간이 걸려도 그 힘을 가늠할 수 없었는데 이제는 가늠할 수 있게 되었다.

이 일 때문에 이스라엘에 징계가 임하게 된다. 이스라엘 전 땅에 전염병이 돌았고, 무려 7만 명이 죽는다. 그리고 다윗은 아라우나의 타작마당에서 하나님께 단을 쌓는다.

다윗 때문에 애꿎은 백성 7만 명이 죽은 것이 아니다. 사람은 자기 죄로 인해서만 죽는다. 이스라엘 백성 7만 명이 죽은 것이 다윗한테는 자기 죄 때문이지만, 그 7만 명은 다윗 때문에 죽은 것이 아니라 각자의 죄로 죽은 것이다.

하나님은 아버지의 악행을 자손 삼사 대까지 보응하는 분이라고 한다. 그렇다고 해서 누군가 조상을 잘못 둔 죄로 벌을 받는 것일 수는 없다. 물론 악행을 범한 당사자는 자기 죄 때문에 후손까지 벌을 받는다고 괴로워하는 것이 맞다. 하지만 그 후손은 조상의 죄 때문이 아니라 자기 죄로 벌을 받는 것이다. 아버지나 할아버지 때문이 아니라 하나님 앞에서 벌을 받아야 할 잘못이 자기에게 따로 있을 것이다.

한편 아라우나의 타작마당은 그 옛날 아브라함이 이삭을 번제로 드리려던 곳이다. 그리고 나중에 솔로몬이 성전을 지은 곳이기도 하다. 아브라함이 이삭을 번제로 바친 사건은 성부 하나님이 성자 예수님을 제물로 내어주신 사건을 예표한다. 또 솔로몬 성전에서 행해진 모든 제사 역시 우리를 위하여 친히 제물이 되신 그리스도의 사역을 상징한다. 다윗이 그런 곳에 단을 쌓았다.

다윗은 그리스도를 예표하는 사람이다. 하지만 그리스도는 아니다. 성경은 그가 인구 조사를 했다는 사실로 그의 마지막 행적을 삼고 있다. 만일 이런 내용이 없었다면 사람들의 눈이 다윗을 사용하신 하나님을 향하는 대신 다윗에 멈출 우려가 있다. "다윗은 비록 밧세바를 범하는 실수를 하기는 했지만 우리와는 다른 사람이었다. 그는 거의 완전무결한 사람이었다." 하고 다윗을 칭찬할 것이다.

하지만 성경의 주인공은 다윗이 아니다. 우리의 시선은 다윗을 넘어서 다윗을 다윗 되게 하신 하나님께 이어져야 한다. 성경에 이런 내용이 있음으로 인해서 자연스럽게 그렇게 된다. '다윗의 위대성'으로 끝나는 것이 아니라 '하나님의 은혜'로 끝나기 때문이다. 다윗조차도 그리스도로 말미암은 구속의 은혜가 필요했다. 우리한테 가장 소중한 것은 당연히 그리스도의 은총이다.

지혜의 왕 **솔로몬** ✡

본래 이스라엘에는 왕이 없었다. 그런데 사사 시대를 지나면서 왕이 있어야 한다는 움직임이 일어나더니 사울이 첫 번째 왕이 되었다. 하지만 사울은 실패한 왕이었다. 사람들이 보기에는 번듯했지만 하나님께서 보시기에는 그렇지 않았다.

사울에 이어 다윗이 두 번째 왕이 된다. 다윗은 우리의 영원한 왕으로 오실 그리스도를 예표한다. 하나님께서는 다윗을 통해서 장차 이 땅에 선포될 그리스도의 나라를 보이시기를 기뻐하셨다. 하지만 그 역시 제한된 인간이었다. 아무리 하나님 보시기에 합당한 사람이라고 해도 그가 그리스도일 수는 없다.

다윗을 이어 솔로몬이 왕이 되는데, 솔로몬한테서도 그리스도를 예표하는 모습을 볼 수 있다. 그의 탁월한 지혜는 참된 지혜의 근원이신 예수 그리스도를 연상하게 하고, 그의 영예와 부귀는 부활 승천하신 예수 그리스도의 영광을 보여준다. 무엇보다 그가 통치하던 시대의 태평성대는 모든 인류에게 평화를 선포할 그리스도 나라의 샬롬을 예표한다.

각설하고, 다윗이 노쇠했을 때의 일이다. 아도니야가 왕위를 탐낸다. 본래 다윗의 장자는 암논이었고, 둘째는 길르압, 셋째는 압살롬이었다. 그런데 암논은 압살롬에 의해 죽었고 압살롬도 반역을 일으켰다가 죽었다. 길르압 얘기는 성경에 나오지 않는 것을 보면 어려서 죽은 모양이다. 그러면 다윗의 남은 아들 중에는 아도니야가 맏이가 된다. 당연히 왕위를 욕심 낼 수 있다.

하지만 그가 왕위를 탐낸 것은 권력욕에 대한 얘기가 아니다. 하나님께서 다윗을 이어 솔로몬이 왕이 되게 하셨기 때문에 하나님의 사역을 부정하는 행위가 된다. 물론 하나님의 뜻을 거스르려는 의도로 일을 벌인 것이 아니라 자기 욕심에 미혹된 것이지만 하나님의 뜻이 솔로몬한테 있는 것은 알고 있었다. 그는 자기 욕심에 팔려 하나님을 반역한 사람이다.

아도니야가 왕권을 욕심냈다가 죽었다는 사실은 뭔가 시사하는 바가 있다. 사사 시대의 아비멜렉부터 압살롬, 아도니야에 이르기까지 왕이 되려고 한 사람은 다 죽었다. 사울 역시 왕위에 집착하다가 흉한 최후를 맞았다. 역시 하나님만 왕이셔야 한다. 자기가 왕이 되려는 욕심을 품는 순간, 하나님의 은혜에서 멀어지게 된다. 아담이 하나님처럼 되려고 선악과를 먹었다가 에덴동산에서 쫓겨난 것과 같다.

어쨌든 아도니아를 제압하고 왕위를 공고히 다진 솔로몬이 기브온에서 일천 번제를 드린다. 하나님께서는 꿈에 나타나서 무엇이든지 구하라는 말씀을 하셨고 솔로몬은 지혜를 구했다. 그러자 지혜만이 아니라 솔로몬이 구하지 않은 부귀와 영광도 주셨다. 마치 어렸을 적에 읽은 금도끼와 은도 끼 얘기 같다.

사람들은 물질세계에 속한 것보다 정신세계에 속한 것을 더 우위에 두려 는 경향이 있다. 돈이나 권력보다 사랑이나 명예에 더 점수를 준다. 하지만 솔로몬이 지혜를 구했더니 하나님께서 기뻐하셨다는 얘기는 부귀나 영광 같은 수준 낮은 것을 구하지 않고 고급한 것을 구했더니 하나님께서 기뻐 하셨다는 뜻이 아니다.

> 누가 주의 이 많은 백성을 재판할 수 있사오리이까 듣는 마음을 종에게 주사 주의 백성을 재판하여 선악을 분별하게 하옵소서(왕상 3:9)

〈개역한글판 성경〉에는 '지혜로운 마음'이라고 되어 있었는데 〈개역개 정판 성경〉에는 '듣는 마음'으로 되어 있다. 차이는 없다. 지혜로운 마음이 든 듣는 마음이든 그것이 필요한 이유는 재판 때문이다.

성경에는 재판 얘기가 상당히 자주 나온다. 옳고 그른 것을 판단하는 것 이 재판이다. 하나님께서 어떤 것을 옳다고 하시고 어떤 것을 그르다고 하 시는지를 실제 삶 속에서 집행하는 것이다.

왕위에 오른 솔로몬은 그 일이 걱정이었다. 당시 이스라엘은 20세 이상의 성인 남자만 157만 명이나 되었는데, 하나님 뜻에 맞게 다스리려면 어떤 사람한테 상을 주고 어떤 사람한테 벌을 주어야 하는지 감당할 자신이 없었다. 그래서 지혜를 구했다. 하나님께서 맡기신 일을 하나님 뜻에 합당하게 감당하려니 당장 필요한 것이 지혜였다.

도끼를 연못에 빠뜨린 나무꾼이 금도끼와 은도끼를 받은 것은 정직에 대한 보상이다. 하지만 솔로몬이 자기가 구한 지혜 외에 부귀와 영광을 더 받은 것은 수준 높은 것을 선택한 것에 대한 보상이 아니다.

솔로몬이 하나님께 구한 것은 '하나님의 통치를 이스라엘에 펼칠 수 있는 능력'이었다. 자기가 감당해야 할 일이 그 일이었기 때문이다. 즉 하나님께 맡은 일을 제대로 감당할 수 있게 해달라고 한 것이다. 그러면 하나님은 하나님 뜻에 합당하게 사는 삶이 어느 만큼 복된지를 보여주셔야 했다. 이때 솔로몬이 누린 영광은 부활하신 그리스도가 누리는 영광을 예표하는 한편 우리한테는 신앙 안에서 사는 삶이 어느 만큼 복된지를 보여주는 것이다.

솔로몬의 지혜를 가장 잘 설명하는 보기가 그 유명한 솔로몬의 재판이다. 성경은 "솔로몬의 지혜가 어느 정도였는지 아느냐? 봐라! 이 정도였다."라는 뜻으로 솔로몬의 재판을 소개한다.

한 아이를 사이에 두고 두 여자가 서로 다툰다. 요즘 같으면 유전자 검사로 간단하게 친자 확인이 되지만 당시로서는 아무도 풀 수 없는 난제였다. 그런데 솔로몬은 아이를 반으로 잘라서 나누어주라는 명쾌한 판결을 내렸다.

이런 판결을 내릴 수 있었던 이유는 간단하다. 솔로몬은 하나님 마음을 아는 사람이었다. 순간적인 재치가 뛰어났던 것이 아니라 하나님께서 우리 생명을 어느 만큼 귀히 여기시는 분인지를 알았다. 그래서 아이의 생명을 위해서라면 무엇이든지 감수하는 모성애에 대한 감각이 있었던 것이다.

우리는 재판 결과를 알고 있다. 아이를 양보하겠다고 한 어머니가 진짜다. 하지만 그때 진짜 어머니의 심정을 헤아려보자. "내가 양보하겠다고 하면 왕이 나를 진짜로 인정해 줄 것이다"라는 기대로 양보한 게 아니다. 아들을 빼앗기기로 작정한 것이다. 아들만 빼앗기는 것이 아니라 자기는 왕을 속인 죄인이 된다. 아마 사형을 당하게 될 것이다. 하지만 그런 것이 문제가 아니다. 그렇게 해야 아들을 살릴 수 있다. 어머니한테 아들은 그만큼 귀한 존재다. 솔로몬은 우리를 그렇게 사랑하시는 하나님의 마음을 아는 사람이었다.

첨언하면, 교회에서 분쟁이 있을 수 있다. 이때 틀린 사람은 절대 양보하지 않는다. 옳은 사람이라야 비로소 양보할 자격이 있다. 교회를 사랑하는 마음이 없다면 별 수 없지만 혹시 있다면 자기가 옳다는 사실조차도 포기할 수 있어야 한다. 자기는 틀린 사람이 먹을 욕을 대신 먹고 틀린 사람이 득세하는 것을 묵묵히 바라볼 수 있는 사람이 좋은 신자이고, 그런 신자가 많은 교회가 좋은 교회다. 자기가 옳다는 사실을 입증하기 위해서 금식기도를 하고 성경 구절을 인용하며 언성을 높이는 것은 신앙이 무엇인지 몰라서 그렇다.

솔로몬을 얘기하면 성전을 빼놓을 수 없다. 하지만 성전을 지은 것이 솔로몬 혼자의 공로는 아니다. 솔로몬은 다윗이 이룬 평화를 바탕으로 성전을 건축했다. 전쟁이 끊이지 않던 시기의 다윗은 그 전쟁을 통해서 하나님의 싸움을 싸웠고, 태평성대를 누린 솔로몬은 태평한 기간을 이용해서 성전을 지었다. 하나님의 백성이라면 전쟁 중에는 전쟁 중인대로, 태평한 기간에는 태평한 기간대로 감당할 일이 있는 법이다.

대표적인 여름 꽃인 수국은 토양에 따라 다른 색의 꽃을 피운다. 산성 토양에서는 푸른색 꽃을 피우고 알칼리성 토양에서는 붉은색 꽃을 피운다. 작년에는 붉은 꽃을 피운 수국이 다음해에 푸른 꽃을 피울 수 있다. 토양 성분이 달라졌기 때문이다. 간혹 하나의 수국에 서로 다른 색상의 꽃이 피기도 한다. 뿌리 부분의 토양이 다르기 때문이다. 수국은 토양을 탓하는 법이 없다. 어떤 토양에서든지 꽃을 피운다. 이런 사실을 감안하면 환경을 이유로 신앙에 게으른 것은 한낱 핑계에 불과하다. 우리는 어떤 환경에서든지 신자답게 살아가는 법을 연습해야 한다. 반복하고 또 반복해서 그것이 우리의 본성이 되어야 한다.

그렇다고 해서 성전만 지으면 되는 것이 아니다. 먼저 그곳에 거룩한 나라가 건설되어 있었다. 무조건 성전만 지으면 되는 것이 아니라 하나님의 통치가 실현되는 곳에 성전을 지어야 한다. 신앙 행위 이전에 신자가 있어야 하는 것과 같다. 우리한테 어떤 신앙 행위가 있다면 그것은 우리에게 있는 신앙심이 밖으로 나타난 것이어야 한다.

솔로몬 성전은 길이가 60규빗, 너비가 20규빗, 높이가 30규빗이었다. 대략 27.36m×9.12m×13.68m이다. 모세가 광야에서 지었던 성막은 길이가 30규빗, 너비가 10규빗, 높이가 10규빗이었으니 그때보다 열두 배가 더 커진 셈이다. 그런 성전을 짓는데 7년이 걸렸다.

하나님은 말씀만으로 세상을 지으신 분이다. "빛이 있으라" 하시자 빛이 있었던 것처럼 "성전이 있으라" 하시면 성전이 만들어졌을 것이다. 그런데 그렇게 하지 않으셨다. 당시 동원된 사람들의 수고가 누적될수록, 그리고 시간이 지날수록 성전이 점점 모습을 갖춰가다가 7년이라는 기간의 수고를 통해서 완성되게 하셨다.

우리가 그런 사람들이다. 예수 믿은 기간이 경과할수록, 신앙을 위한 열심이 누적될수록 하나님의 성령이 거하시는 참된 성전인 우리가 점차 완성되어 간다. 나이를 먹는 것은 자기 책임이 아니지만 나잇값을 못하는 것은 자기 책임이라고 한다. 예수를 믿은 기간이 경과한 만큼 신앙이 자라지 않는 것은 분명히 그 사람 책임이다.

새로 개척한 어떤 교회가 있다. 꾸준히 성장해서 장로 두 분을 세웠다. 임직식에서 순서를 맡은 목사가 기도를 한다. "… 두 분 장로님을 붙들어 주시사 그 옛날 솔로몬 성전의 두 기둥, 야긴과 보아스처럼 이 교회를 넉넉히 떠받칠 수 있게 하옵시고…" 성경에 어느 정도 들은풍월이 있는 사람이라면 솔로몬 성전에 야긴과 보아스라는 두 기둥이 있었다는 사실을 알 것이다. 하지만 그 기둥이 성전을 떠받친 것은 아니다. 야긴과 보아스는 높이가 각

각 18규빗이었고, 꼭대기에 5규빗의 머리가 있었다. 반면 솔로몬 성전의 높이는 30규빗이었다. 천장까지 닿지도 않는 기둥이 무슨 수로 건물을 떠받친다는 말인가? 야긴과 보아스는 성전을 지탱하는 기둥이 아니라 일종의 인테리어 소품이었다.

야긴은 '저가 세우리라'라는 뜻이고 보아스는 '그에게 능력이 있다'라는 뜻이다. 야긴이 세운 것도 아니고 보아스한테 능력이 있는 것도 아니다. 모든 일은 하나님께서 하신다. 야긴과 보아스는 그것을 선포하는 일을 맡았을 뿐이다. 그런데 사람들은 자꾸만 착각을 한다. 야긴과 보아스가 갖고 있는 메시지에는 주목하지 않고 야긴과 보아스에 시선을 빼앗긴다. 가리키는 달은 보지 않고 손가락만 보는 격이다. 혹시 우리가 야긴이나 보아스라면 주어진 메시지를 제대로 선포해야 한다. 능력은 언제나 하나님께 있고, 일을 이루시는 분도 언제나 하나님이다.

솔로몬이 지은 성전에는 한 가지 맹점도 있다. 성전의 모형은 모세가 광야에 세웠던 성막이다. 이동식 성막에서 고정식 성전이 되었다. 얼핏 생각하면 한 단계 업그레이드된 것 같기도 하지만 외형만 그렇다.

이동식 성막에서 하나님을 섬길 때는 성막이 항상 이스라엘의 중심에 있었다. 이스라엘이 어디에 가든지 성막도 같이 움직였다. 그런데 고정식 성전은 그렇지 않다. 하나님을 섬기려면 자기들이 성전에 가야 했다. 평소에는 성전 아닌 곳에 있다가 특별한 일이 있을 때 성전을 찾았다. 평소에는 하나님이 계시지 않은 곳에 살다가 제사를 드릴 때만 하나님이 계신 곳으로 찾아가는 형국이 되고 말았다.

교회 안에서는 신자다운 모습이 보이는데 살아가는 모습은 신자답지 않은 모순이 나타나는 이유를 여기에서 찾을 수 있다. 성전이 하나님이 계신 장소라면 성전에서 하는 행위만 하나님 보시기에 바르면 되기 때문이다. 말로는 신앙생활을 한다고 하는데 우리의 신앙은 언제나 종교 행위로만 나타난다. '신앙'과 '생활'이 늘 따로 논다. 하나님은 성전 안에만 계신 분이 아니라는 사실을 간과해서 그렇다.

솔로몬을 얘기하려면 그가 누렸던 부를 빼놓을 수 없다. 그가 이스라엘을 다스릴 때는 은을 귀한 것으로 여기지 않을 정도였다. 하지만 그런 솔로몬이 나중에 "지혜를 얻는 것이 은을 얻는 것보다 낫고 그 이익이 정금보다 낫다(잠 3:14)"고 했다.

18K 금반지도 없는 사람이 이런 말을 하는 것은 설득력이 없다. 그렇게 살아보지도 않았으면서 어떻게 안단 말인가? 괜히 심통이 나서 하는 말일 수도 있다. 하지만 이 세상에서 가장 부유했던 솔로몬이 이런 얘기를 하는 것은 자기가 그렇게 느꼈기 때문이다.

그런데 사람들은 "나도 그렇게 살아봤는데 남는 것은 아무것도 없더라, 세상에서는 그저 예수 잘 믿는 게 최고더라."라는 솔로몬의 체험을 들으면서도 "그런가 보다" 하고 수긍하는 것이 아니라 "아무리 그래도 그렇게 살아봤으면 좋겠다"라는 생각을 먼저 한다. 그 마음이 어디에 있는지를 단적으로 보여준다.

솔로몬 시대 사람들은 은을 귀한 것으로 여기지 않았지만 장차 우리는 금을 귀한 것으로 여기지 않는 곳에서 살게 될 것이다. 천국에는 길이 정금으로 되어 있다고 한다. 정말로 보도블록이 금으로 되어 있다는 뜻이 아니다. 이 세상에서 가장 가치 있게 여기던 것을 전혀 가치 있게 여기지 않는다는 뜻이다. 솔로몬이 다스리던 이스라엘은 이다음에 우리가 들어갈 천국의 그림자에 불과하지만 우리는 완전한 하나님의 나라에 들어갈 사람들이다.

솔로몬은 그리스도를 예표하는 사람이다. 그가 가졌던 지혜나 그가 누렸던 부, 그가 선포했던 샬롬이 다 그렇다. 하지만 그도 역시 하나님 앞에서는 죄인인 한 사람에 불과하다. 이방 여인들과 결혼한 것에서 단적으로 그런 모습이 나타난다.

정략결혼은 인류 역사 이래로 늘 있었던 외교정책이다. 솔로몬도 이방 여인과 결혼하는 것으로 나름대로 부국강병을 도모했을 것이다. 하지만 하나님 보시기에 옳지 않은 일이라는 것이 문제였다. 지혜의 왕이라고 하는 솔로몬이 왜 그리 어리석은 일을 했는지 의아하다.

솔로몬은 그런 정책을 통해서 이웃 나라와 화평을 모색할 수는 있었을 것이다. 하지만 하나님과의 관계는 엉망이 되고 말았다. 이방 사람들은 그런 솔로몬을 좋아했겠지만 하나님은 좋아하지 않으셨다.

우리가 솔로몬의 지혜와 영광에 이르지는 못한다. 어차피 성경도 우리한테 솔로몬의 지혜와 영광을 가지라고 하지는 않는다. 하지만 솔로몬이 하나님 보시기에 옳지 못한 처신을 했던 것처럼 우리 역시 그렇게 될 우려는 다분히 있다. 솔로몬이 처음에는 결혼을 정치에 이용했지만 나중에는 신앙까지 농락되고 말았던 것처럼 우리도 이렇게 될 우려가 있다는 뜻이다.

그런데 사람들의 생각은 언제나 성경의 요구와 무관하다. 솔로몬의 부와 지혜에 대해서는 "와, 솔로몬은 참 좋았겠다!" 하고, 그것을 자기와 연관 짓고 싶어 하면서도 솔로몬의 실패에 대해서는 솔로몬만 흉보고 만다. 자기가 그 입장이 되면 자기는 안 그럴 것처럼 군다. 성경이 솔로몬을 통해서 얘기하고자 하는 내용은 "너희는 솔로몬이 누렸던 부와 지혜를 부러워하라"가 아니라 "그런 솔로몬이 하나님을 떠났을 때 어떻게 되었는지 아느냐?"인데, 늘 딴 생각을 한다.

'하나님께 맡긴다'는 표현은 교회에서 흔하게 들을 수 있다. 하지만 하나님께 맡기는 것이 말처럼 쉬운 일은 아니다. 솔로몬을 보면 잘 알 수 있다.

> 너는 마음을 다하여 여호와를 신뢰하고 네 명철을 의지하지 말라 너는 범사에
> 그를 인정하라 그리하면 네 길을 지도하시리라(잠 3:5-6)

잠언 저자가 솔로몬이다. 솔로몬은 자기 입으로 "너는 마음을 다하여 여호와를 신뢰하고 네 명철을 의지하지 말라"고 했다. "너는 범사에 그를 인정하라 그리하면 네 길을 지도하시리라"고 했다. 그런데 자기가 말한 내용을 자기가 지키지 못했다.

솔로몬이 처음부터 하나님을 떠나려고 일을 벌였을 리는 없다. 단지 외교 전략이었을 뿐, 더 이상의 관계 진전은 없을 것으로 생각했을 것이다. "하나

님, 걱정하지 마십시오. 설마 제가 하나님께서 금하신 일을 하겠습니까? 어디까지나 정략결혼입니다. 저라고 해서 이방 여인들이 마음에 들겠습니까만 나라를 생각하니 별 수 없습니다." 아마 이런 마음으로 결혼을 추진했을 것이다. 자기 생각에는 자기가 지혜롭게 처신하는 줄 알았을 것이다.

하지만 이방 여인들과의 결혼은 결국 우상숭배를 가져왔고 그 일로 솔로몬이 죽은 다음에 나라가 남 왕국과 북 왕국으로 쪼개진다. 다윗 왕조의 정통성은 남 왕국 유다가 승계했는데, 남 왕국에는 베냐민 지파와 유다 지파만 남고 나머지 열 지파가 전부 북 왕국 이스라엘에 편입된다.

이런 엄청난 일의 씨앗을 뿌린 사람이 바로 솔로몬이라는 사실에 우리는 다시금 전율해야 한다. 그가 아무리 지혜의 왕이었다고 해도 하나님을 떠난 지혜는 아무짝에도 쓸모가 없다.

그런 솔로몬이 인생 만년에 이렇게 고백한다. "일의 결국을 다 들었으니 하나님을 경외하고 그의 명령들을 지킬지어다 이것이 모든 사람의 본분이니라(전 12:13)." 솔로몬은 자기가 살아온 삶을 통해서 이 세상 부귀영화가 얼마나 헛된 것인지 뼈저리게 느꼈다. 이 세상에서 누릴 수 있는 것은 다 누려보았는데 그래봤자 남는 게 없더라는 것이다. 인류 역사상 가장 지혜로웠다고 하는 솔로몬이 그의 지혜로 하는 고백이 "이 세상에서 가장 귀한 일은 하나님을 제대로 섬기는 것이더라!"이다. 우리는 솔로몬의 그런 고백을 마음에 새겨야 한다. 그것이 우리의 지혜다.

남 왕국의 **르호보암** ✡

솔로몬에 이어 왕이 된 사람이 르호보암이다. 솔로몬에서 르호보암으로 왕권이 넘어오는 과정에는 우여곡절이 있었다. 여로보암을 비롯한 사람들이 르호보암한테 세금과 부역이 과중하다며, 경감시켜 달라는 청원을 한 것이다. 솔로몬 당시의 세금과 부역이 실제로 과중했는지, 아니면 정당한 세금과 부역을 과중하게 느꼈는지는 모르지만 하여간 그런 청원을 했다.

솔로몬은 천 명의 처첩을 거느렸다. 그러면 그에 상응하는 공간이 있어야 한다. 명색이 한 나라의 왕비이고 후궁인 만큼 큰 기숙사 건물을 지어서 2인 1실로 수용할 수는 없는 노릇이다. 그만큼 부역이 많았을 것이고, 세금도 많았을 것이다.

하지만 공연한 불평이었을 수도 있다. 왕정시대에 국가 규모의 공사가 있으면 부역에 동원되는 것이 당연한 일이었다. 게다가 가나안 족속을 노예로 부렸고, 이스라엘 백성은 감독하는 일만 맡았다. 또 그때는 이스라엘 역사상 가장 부강할 때였다. 생활이 넉넉하면 세금도 많이 내는 것이 맞다. 그런데 부역에 동원되는 것이 싫고 세금 내는 것이 싫으면 무작정 과도하다고 느낄 수 있다.

백성들의 불평이 타당했는지 여부는 아무도 모른다. 정작 중요한 문제는 다른 곳에 있다. 이들이 자기들한테 부과되는 짐에 대해서만 불평했다는 사실이다. 기왕이면 솔로몬 통치 말기의 실정을 교훈 삼아서 그 부분을 얘기했으면 좋았을 텐데, 그런 얘기는 없었다. "선왕께서 하나님을 바로 섬겼을 적에는 나라가 참 부강했습니다. 그런데 노년에 하나님을 떠나더니 나라가 피폐하게 되었습니다. 왕께서는 그런 전철을 밟지 말고 오직 하나님만을 바로 섬기는 군왕이 되어 주옵소서." 이런 얘기를 했으면 얼마나 좋았을까? 그런데 고작 자기들 등 따습고 배부른 문제만 들고 나왔다.

백성들의 요구에 르호보암은 사흘 후에 답하겠다고 하고는 대신들한테 자문을 구했다. 먼저 국가 원로들에게 의견을 물었더니 흔쾌히 수용하라고 한다. 그런데 젊은 대신들 얘기는 달랐다. 백성들의 요구를 들어주지 말고 더욱 강력하게 통치하라는 것이다.

르호보암은 원로들의 조언을 버리고 젊은 대신들의 말을 따랐다. 이유는 간단하다. 그 말이 자기 입맛에 맞았기 때문이다. 원로들이 처음부터 구미에 맞는 말을 했으면 젊은 대신들의 의견을 구하지 않고 그냥 그 말대로 했을 것이다. 사람은 남의 말을 듣고 자기 생각을 바꾸지 않는다. 자기 생각에 맞는 말을 해주는 사람을 찾아다닌다. 사람은 언제나 자기 욕심대로 한다.

르호보암을 찾아왔던 백성들이 반발할 것은 당연하다. 이렇게 해서 나라가 남 왕국 유다와 북 왕국 이스라엘로 갈라지게 된다. 이스라엘 열두 지파 중에 유다 지파와 베냐민 지파만 남 왕국 유다에 남고 에브라임 지파를 비롯한 열 지파는 여로보암을 왕으로 하는 북 왕국 이스라엘로 가버렸다. 르호보암이 남 왕국 유다의 첫 번째 왕이었던 것처럼 여로보암이 북 왕국 이스라엘의 첫 번째 왕이 되었다.

이 일로 르호보암이 잃어버린 것은 북 왕국에 속한 열 지파의 백성과 영토만이 아니다. '이스라엘'이라는 이름도 잃어버렸다. 다윗 왕조의 정통성은 남 왕국 유다에 있었지만 하나님께서 친히 애굽에서 인도하신 하나님의 백성을 일컫는 이스라엘이라는 이름은 북 왕국에 넘겨주고 말았다.

이때 잃어버린 이름은 나중에 북 왕국이 멸망해서 없어지고, 남 왕국이 바벨론 포로에서 돌아온 다음에 다시 나타난다. 그때부터 남 왕국을 일컫는 유다라는 이름 대신 본래 이름인 이스라엘이 쓰인다. 신약 시대에 와서도 하나님의 백성은 유다가 아닌 이스라엘로 언급된다.

하나님은 왜 이스라엘만 편애하느냐는 질문을 받은 적이 있다. 성경을 읽다 보면 그런 생각이 들 수 있다. 이스라엘만 특별한 나라로 등장한다. 이유가 있다. 이스라엘이 교회를 예표하기 때문이다. 하나님께서 이스라엘을 통해서 교회, 즉 하나님의 백성을 설명하신다. 하나님의 궁극적인 관심은 이스라엘에 있지 않고 교회에 있다.

성경에 나오는 이스라엘과 지금 중동의 화약고 노릇을 하는 이스라엘은 무슨 관계가 있을까? 같은 나라일까, 다른 나라일까?

질문을 바꿔보자. 애굽과 이집트는 어떤가? 성경에 나오는 애굽은 세상의 상징이다. 애굽의 노예로 있던 이스라엘이 홍해를 건넌 것은 죄의 종이던 우리가 죄에서 벗어난 것을 보여준다. 하지만 지금 아프리카 북부에 있는 이집트는 이 세상에 있는 수두룩한 나라 중의 하나일 뿐이다. 애굽과 이집트는 위치나 인종, 역사, 언어 등 모든 것이 같지만 성경에서 보여주는 의미는 연결되어 있지 않다.

이스라엘도 그렇다. 구약성경에 나오는 이스라엘과 지금 팔레스타인에 있는 이스라엘은 인종, 언어, 역사, 문화, 위치, 종교가 다 똑같다. 하지만 '그 이스라엘'과 '이 이스라엘'은 엄연히 다르다. 성경에 나오는 이스라엘은 이방 족속과 구별되는 교회의 상징이지만 지금의 이스라엘은 다른 나라와 똑같은 그냥 한 나라일 뿐이다. 이스라엘을 특별한 나라로 생각하는 것은 이스라엘의 배역을 오해한 탓이다.

각설하고, 성경에 나오는 이스라엘은 지금의 교회를 말한다. 결국 성경은 교회의 예표인 이스라엘이 솔로몬이 죽은 다음부터 철저하게 이지러졌음을 보여준다. 그럼에도 불구하고 이 땅에 교회가 선 것은 전적으로 하나님의 은혜다. 사람들은 교회의 역사를 단절시켰으나 하나님께서 홀로 이으셨다.

북 왕국이 독립을 선언한 직후의 일이다. 르호보암이 전쟁을 선포했다. 나라가 갈라지는 것을 손 놓고 볼 수는 없지 않은가? 그런데 스마야 선지자가 막았다. 작금의 상황이 하나님으로 말미암은 일이라는 것이다. 르호보암이 그 얘기를 듣고 마음을 바꾼다. 열두 지파 중에 열 지파가 자기한테서 등을 돌린 것이 아무리 충격이라고 해도 그 일이 하나님으로 말미암은 것을 알았으면 거기에 순복하는 것이 당연하다.

중·고등부를 지도하던 시절, 말을 안 듣는 학생이 있을 때마다 요긴하게 써먹던 한 마디가 있었다. "지금 네 생각은 이렇고 내 생각은 저런데, 네 생각과 내 생각이 다르면 누구 생각이 옳을 것 같으냐?"라고 물으면 대부분 말귀를 알아들었다. 물론 알아듣기만 하고 고집을 부리는 학생도 없지 않았지만 자기 고집을 꺾는 학생도 많았다. 자기 생각과 자기를 지도하는 목사의 생각이 다르다는 얘기는 자기 생각이 잘못되었다는 뜻이기 때문이다.

하물며 우리와 하나님은 오죽할까? 하나님 생각과 우리 생각이 다르면 그것은 입장의 차이가 아니라 하나님이 옳고 우리가 틀렸다는 뜻이다. 우리는 당연히 "내가 무엇을 하고 싶은가?"보다 "하나님께서 무엇을 원하시는가?"에 더 의미를 두어야 한다. 그렇게 하는 것을 신앙이라고 한다.

하나님께서 르호보암을 만류하지 않았으면 전쟁의 향배가 어떻게 되었을지 모른다. 열두 지파 중의 열 지파가 북 왕국에 속했고 남 왕국에는 유다와 베냐민 두 지파만 속했으니 패했을 공산이 크다. 설령 이긴다고 해도 피해가 만만치 않았을 것이다. 르호보암이 하나님 말씀을 들은 것은 하나님께 유익이 아니라 자기한테 유익이었다. 르호보암의 당면 과제는 북 왕국한테 분풀이를 하는 일이 아니라 자기 나라를 제대로 돌보는 일이었다.

분열의 아픔을 겪기는 했지만 르호보암의 통치 초기는 상당히 순조로웠다. 북 왕국에 있던 제사장들과 레위인들, 그리고 하나님을 바로 섬기기 원하는 백성들이 여로보암의 종교정책에 반대해서 남 왕국으로 이주했는데 그들이 상당한 도움이 되었다.

요즘은 이런 일이 있지도 않지만 혹시 있다고 해도 길을 떠나기 전에 재산을 처분하면 그만이다. 하지만 이 시대에는 그게 아니다. 재산이 곧 육축인데, 그것을 다 몰고 국경을 넘을 수는 없다. 말 그대로 아무것도 가지지 못한 채 떠나야 한다. 이들은 하나님을 섬기는 규례와 법도가 무너진 곳에서 자기들의 산업을 가지고 사는 것보다 전 재산을 버리고라도 하나님을 제대로 섬길 수 있는 곳을 택한 사람들이다. 이들의 관심은 오직 하나님을 예배하는 것이었다. 그리고 이들의 헌신은 남 왕국이 강성하게 되는 것으로 나타났다.

하지만 남 왕국의 이런 모습은 그리 오래 가지 못했다. 첫 3년 동안은 하나님의 법도를 따랐는데, 나라가 강성해진 다음에는 율법을 떠났다. 마치 율법을 버리기 위해서 나라가 강성해지기를 기다린 것처럼 느껴진다.

결국 하나님의 징계로 르호보암 5년에 애굽 왕 시삭이 쳐들어왔다. 그렇다고 해서 르호보암 한 사람의 책임은 아니다. 나라가 강성해진 것이 르호보암 한 사람의 순종 때문이 아니었던 것과 마찬가지다. 소돔, 고모라가 멸망한 것은 소돔 왕이나 고모라 왕의 문제가 아니라 의인 열 명이 없었기 때문인 것처럼 르호보암 치하의 유다도 그렇다. 르호보암 개인의 문제가 아니라 백성 전체의 문제였다. 이때 애굽 왕 시삭이 이끈 군사의 규모는 어쩌면 그동안 누적된 유다의 범죄 분량이었는지도 모른다.

이런 르호보암의 재위 기간은 17년이었다. 그리고 성경은 그 17년 행적을 얘기하면서 애굽 왕 시삭이 쳐들어와서 솔로몬 시대에 만든 금 방패를 빼앗아 가는 바람에 놋으로 방패를 만들었다는 얘기와 북 왕국의 여로보암과 늘 전쟁을 했다는 얘기를 한다.

애굽 왕 시삭의 침공은 한 나라를 풍전등화의 위기로 몰아넣은 사건이다. 그런 일을 겪으면서 입은 가장 큰 피해가 금 방패를 빼앗긴 것일 수는 없다. 성경에는 내용이 없지만 그보다 훨씬 더 큰 피해를 입었을 것이다. 그런데 성경은 마치 금 방패를 빼앗긴 것이 가장 큰 피해인 것처럼 기술한다. 금 방패가 놋 방패로 바뀐 사건이 르호보암 당시를 단적으로 보여주기 때문이다. 르호보암 시대가 바로 그런 시대였다. 금빛으로 찬란하게 빛나던 솔로몬 시대의 영광이 우중충한 놋 빛으로 퇴락한 시대였다. 그리고 그 놋 방패는 다시 금 방패로 회복되지 못했다.

또 르호보암은 늘 여로보암과 전쟁을 하면서 지냈다. 하나님 보시기에 가장 의롭지 못한 왕의 대명사가 여로보암이다. 선한 왕을 얘기할 때마다 '다윗의 길로 행했다'고 하는 것처럼 악한 왕을 얘기할 때마다 '여로보암의 길로 행했다'고 한다. 그런 여로보암을 상대로 늘 전쟁을 벌였다.

그렇다고 해서 성경이 르호보암을 칭찬하지는 않는다. 여로보암이 아무리 악하다고 해도 여로보암과 전쟁을 한다는 이유만으로 하나님 보시기에 의로워지는 것은 아니다. 르호보암에 대한 평가는 여로보암과 어떻게 지냈느냐에 있지 않고 하나님과 어떻게 지냈느냐에 있다. 신앙은 상대평가가 아니라 절대평가이기 때문이다. 하나님 보시기에 의로운 사람이 아니면 하나님은 관심을 두지 않으신다.

성경을 통해서 르호보암의 행적을 읽다 보면 "그의 어머니의 이름은 나아마요 암몬 사람이더라"라는 얘기가 반복해서 나오는 것을 볼 수 있다. 르호보암이 왕위에 오를 때도 그 얘기가 나왔는데(왕상 14:21) 죽을 때도 나왔다(왕상 14:31). 왕이 될 때 그 얘기가 나온 것은 "새로 임금이 된 사람의 어머니는 암몬 사람이다"라는 뜻이고, 죽었을 때 그 얘기가 나온 것은 "지금까지 나라를 다스린 왕의 어머니는 암몬 사람이다"라는 뜻이다. 어머니가 암몬 사람이라는 사실이 르호보암의 가장 큰 특징임을 알 수 있다. 어머니가 암몬 사람이라는 사실을 말함으로써 앞으로 그의 통치가 어떤 방향으로 갈 것인지를 암시하고, 그의 통치를 마감하는 시점에서 그 사실을 상기시킴으로써 그의 통치를 결산하는 것이다.

르호보암이 놋 방패를 금 방패로 바꾸지 못한 까닭은 어머니가 암몬 사람이라는 현실을 극복하지 못했기 때문이다. "어머니가 암몬 사람이었기 때문에 별 수 없었다. 이 일은 전적으로 솔로몬 책임이다. 솔로몬이 정략결혼만 하지 않았으면 이런 일은 없었을 것이다"라는 뜻이 아니다. 그것을 극복하는 것이 르호보암의 책임이었는데 그렇지 못했다는 뜻이다.

우리가 신앙생활을 제대로 하지 못하는 이유가 무엇인가? "무엇 때문에 그렇다", "누구 때문에 그렇다" 하고 아무리 변명을 늘어놓아도 소용없다. 자기가 게을러서 그렇다. 세상과 타협하는 것이 어느 만큼 불가피한 상황인지를 구구절절 늘어놓는 것이 신앙이 아니라 그 모든 것을 극복해내는 것이 신앙이다. 요컨대 신앙은 신자답게 사는 것으로 나타내는 것이지, 신자답게 살 수 없는 형편을 변명하는 것으로 나타내는 것이 아니다.

북 왕국의 **여로보암** ✡

솔로몬 통치 말년의 일이다. 솔로몬이 하나님을 떠나자, 나라 안팎에서 솔로몬의 대적이 일어났다. 이때 나라 안에서 솔로몬을 대적한 사람이 여로보암이다. 여로보암이 솔로몬을 대적한 것은 신하가 임금을 반역한 정치적인 사건일 수 있다. 왕조국가에서 얼마든지 있을 수 있는 일이다. 하지만 솔로몬이 하나님을 배반한 결과로 나타났으니 신앙적인 안목으로 조망해야 한다.

아히야 선지자가 옷을 열두 조각으로 찢어서 열 조각을 여로보암한테 줬다. 이스라엘 열두 지파 중에서 열 지파를 준다는 암시이다. 그렇다고 해서 여로보암이 하나님 보시기에 의로웠다는 뜻은 아니다. 단지 솔로몬을 징계하기 위한 것이었다. 물론 아히야도 그런 내용을 설명했다.

그러면 여로보암은 솔로몬의 잘못을 되풀이하지 않도록 조심해야 했다.

솔로몬의 범죄로 심판이 임한 것처럼 자기 역시 하나님께 범죄하면 심판을 받게 될 것이다. 하지만 여로보암은 아무런 교훈도 얻지 못했다. 사람은 말로 해서 알아듣는 존재가 아닌 모양이다.

어쨌든 솔로몬 입장에서는 용납할 수 없는 일이다. 당연히 여로보암을 해치려고 했다. 여로보암은 애굽으로 도망갔다가 솔로몬이 죽은 다음에 돌아왔다.

솔로몬은 여로보암을 죽이려고 할 것이 아니라 나라가 여로보암한테 넘어가는 이유를 알아야 했다. 여로보암 때문에 그런 일이 일어나는 것이면 여로보암을 죽이면 된다. 하지만 문제의 발단이 자기한테 있으면 자기를 고쳐야 한다.

사람들은 자기에게 있는 '죄'를 고칠 생각은 하지 않고 자기에게 돌아올 '벌'을 모면하려고 한다. 지혜의 왕이라는 솔로몬도 예외가 아니었다. 그의 말년에는 그의 지혜도 죄에 오염되어 있었다.

솔로몬이 죽었다. 사람들이 여로보암을 불러왔다. 그러고는 르호보암을 찾아가서 솔로몬 때는 세금과 부역이 너무 무거웠다고 하면서 그것을 줄여달라고 했다. 그런데 르호보암이 거절했다. 그들의 청을 받아들이라는 국가 원로들의 조언을 물리치고 강력한 정치로 백성들을 휘어잡으라는 젊은 대신들의 조언을 받아들였다. 이 일을 계기로 나라가 갈라진다. 에브라임 지파를 비롯한 열 지파가 여로보암을 왕으로 옹립하여 북 왕국 이스라엘을 건설했고 르호보암을 왕으로 하는 남 왕국 유다에는 유다 지파와 베냐민 지파만 남게 되었다. 아히야 선지자의 예언이 성취된 것이다.

자기 마음대로 왕권을 휘두르려고 한 르호보암은 참 우매한 사람이다. 하지만 이스라엘도 우매하기는 매일반이다. 르호보암이 자기들의 요청을 거절하자 "우리가 다윗과 무슨 관계가 있느냐 이새의 아들에게서 받을 유산이 없도다(왕상 12:16)"라고 하면서 분리 독립을 선언했기 때문이다.

이들은 르호보암과 결별한 것이 아니라 다윗과 결별했다. 자기들 스스로 다윗과 상관없다고 했다. 다윗과 상관이 없다는 얘기는 다윗을 통해서 주어진 하나님의 언약과 상관없다는 뜻이다. 여태까지 감당한 부역과 세금이 얼마나 힘들었는지 모르지만 어떤 이유로든지 하나님의 언약을 떠나는 것은 정당화될 수 없다. 르호보암이 아무리 우매한 결정을 내렸다고 해도 이스라엘은 자기들의 길을 지켜야 했다. 다윗의 왕권이 영원하리라는 하나님의 언약은 르호보암의 학정과 상관없이 지속되기 때문이다.

교회에 대한 불만을 얘기하면서 신앙을 등지는 사람이 있다. 참으로 안타까운 일이다. 하지만 어떤 이유로든지 신앙을 외면한 행위가 정당화될 수는 없다. 교회가 교회답지 않고 목사가 목사답지 않아도 신자는 신자다워야 한다. 그런 법이 어디 있느냐고 묻는다면, 하나님이 하나님다우시기 때문이라고 답하겠다.

왕이 된 여로보암이 가장 먼저 착수한 일은 나라의 기틀을 바로 세우는 일이었다. 창업 군주로서는 당연한 수순이다. 그런데 나라의 기틀을 세우기 위해서 시행한 내용이 황당하다.

여로보암은 하나님 말씀이 이루어지는 것을 직접 목격한 사람이다. 솔로몬이 우상을 섬겼기 때문에 솔로몬의 손에서 나라를 빼앗아 열 지파를 자기한테 맡기겠다고 했는데 실제로 그렇게 되었다. 그러면 나라를 어떻게 다스려야 하겠는가? 솔로몬이 하나님 말씀을 거역해서 그의 나라가 자기한테 왔으니 자기는 그런 전철을 밟지 않기 위해서라도 하나님 말씀에 순종해야 한다. 행여 하나님 말씀을 어기게 될세라 늘 노심초사해야 한다. IQ가 두 자리라도 쉽게 알 수 있는 내용이다. 그런데 전혀 엉뚱한 방향으로 일을 추진했다. 가장 먼저 한 일이 금송아지 우상을 만든 일이다.

유월절, 맥추절, 초막절을 3대 절기라고 한다. 이때 성인 남자는 성전이 있는 예루살렘에 모여야 했다. 여로보암한테는 상당한 고민거리였다. 백성들이 남 왕국 영토인 예루살렘으로 가면 자기의 통치 영역을 벗어나게 된다. 그래서 단과 벧엘에 금송아지 우상을 만들고는 그것을 섬기게 했다.

여로보암의 패역은 금송아지를 만드는 것으로 끝나지 않았다. 금송아지를 섬기기 위한 조직도 만들었다. 당시 제사장이나 레위인이 여로보암이 만든 금송아지를 하나님으로 인정하지 않았기 때문이다. 이렇게 해서 정상적인 제사장과 레위인은 쫓겨나고 사이비 성직자들이 등장한다. 본래 하나님께서는 레위 지파 아론의 후손으로 제사장이 되게 하셨는데 여로보암은 누구든지 정해진 제물을 바치는 사람은 제사장으로 임명했다. 성직을 매매한 것이다.

이렇게 임명된 제사장을 한심하게 생각할 이유는 없다. 그들이 섬기는 신이 어차피 하나님이 아니기 때문이다. 한낱 금송아지를 섬기는 제사장이 거룩하게 구별된 사람이면 그것이 오히려 이상하다. 금송아지를 섬기는 제사장은 그런 식으로 임명되는 것이 어울린다.

만일 우리가 섬기는 신이 금송아지 우상처럼 죽은 신이라면 우리 역시 성별되어야 할 이유가 없다. 하지만 존귀와 능력과 위엄을 갖춘 신이라면 그런 신을 섬기기에 합당한 모습을 갖춰야 한다. 금송아지 우상은 아무나 섬길 수 있지만 하나님은 아무나 섬길 수 있는 분이 아니다.

하나님을 마음대로 바꾸고 하나님을 섬기는 조직도 마음대로 바꿨는데 절기인들 온전할 리가 없다. 절기도 마음대로 고쳤다. 본래 7월 15일이 절기 중에 가장 큰 절기인 초막절(장막절, 수장절)이다. 그것을 8월 15일로 고쳐서 지키게 했다.

이단들도 말로는 하나님을 섬긴다고 한다. 그들도 성경을 본다. 사용하는 용어도 우리와 비슷하다. 모르는 사람이 보기에는 하나님을 섬기는 방법에 차이가 있는 것으로 보일 수 있다. 하지만 그렇지 않다. 요컨대 그들에게는 예수가 없다. 기독교의 흉내는 내고 있지만 기독교가 아니다. 물론 대놓고 예수를 부인하지는 않는다. 그처럼 노골적이면 아무도 안 속는다. 겉으로는 예수를 인정하는 척하면서 실제로는 부인한다.

유월절을 지키는 이단 종파가 있다. 그들은 "우리는 성경대로 유월절을 지킵니다. 당신들은 왜 안 지킵니까?"라고 묻곤 한다.

옛날 이스라엘은 출입문에 양 피를 발라서 구원 얻었다. 그것을 기념하기 위해서 유월절을 지켰다. 하지만 우리는 그런 식으로 구원 얻은 것이 아니라 예수님의 십자가 사역으로 구원 얻었다. 예수님이 우리를 위한 유월절 어린양이다. 즉 유월절은 예수님의 십자가 사역을 예표한다. 유월절이 진짜가 아니라 예수님의 십자가가 진짜다. 결국 유월절을 지키는 것은 예수님의 구원 사역을 무시하는 처사다. 기독교처럼 보이지만 사실은 기독교가 아니다.

여로보암이 만든 종교가 그런 식이었다. 결국 여로보암은 악한 왕의 대명사가 되고 말았다. 이스라엘 역사에 악한 왕이 등장할 때마다 여로보암의 길로 행했다고 한다. 여로보암은 자기 나름대로 지혜를 동원해서 꾸민 일인데 실상은 파멸을 초래하는 일이었다.

여로보암이 어떤 사람인가? 그는 하나님께 왕권을 약속 받은 사람이다. 그 약속대로 왕권을 누리기도 했다. 하나님의 말씀이 어느 만큼 신실하게 이루어지는지도 체험했다. 하나님 말씀을 저버리면 어떤 결과를 초래하는지 직접 현장 교육도 받았다. 그런데도 멸망을 자초했으니 도저히 변명의 여지가 없다.

우리는 어떤가? 우리가 누리는 것이 여로보암이 누린 것보다 못할까? 하나님께서는 우리를 왕 같은 제사장으로 부르셨다. 이 세상에서 오직 우리만 하나님의 백성이다. 하나님의 말씀이 어느 만큼 신실한지 알고 있다. 하나님께서 이 세상과 다음 세상의 주인인 것도 알고 있다. 우리가 무엇이든지 땅에서 매면 하늘에서도 매이고 우리가 무엇이든지 땅에서 풀면 하늘에서도 풀린다. 이스라엘이 어떻게 심판을 받았고 이방이 어떻게 멸망했는지 익히 알고 있다. 우리 안에 내주하시는 성령님께서 우리를 위해서 친히 간구하신다. 그런데도 하나님의 백성답게 사는 일에 실패한다면 우리 역시 입이 백 개라도 할 말이 없을 것이다.

유다 왕 **아비야(아비얌)**

르호보암을 이어 아비야가 유다 왕이 된다. 〈열왕기〉에는 아비얌으로 나오고 〈역대〉에는 아비야로 나온다. 아비야의 재위 기간은 3년에 불과했다. 그에 대한 기록도 여로보암과 싸웠다는 내용 한 가지뿐이다. 앞에서 르호보암이 여로보암과 전쟁을 벌이려고 했을 적에는 하나님께서 막으셨다. 그런데 아비야 때는 그렇지 않았다. 르호보암 때와 같은 상황이 아니라는 뜻이다.

르호보암이 싸우려던 싸움은 하나님께 속한 싸움이 아니었다. 잃어버린 하나님의 나라를 회복하려는 싸움이 아니라 나라를 르호보암 자신에게 돌리려는 싸움이었다. 성경에 기록된 모든 전쟁은 항상 하나님의 나라와 관계된 싸움이다. 자기 개인의 감정이 실린 싸움을 하나님께서 허락하신 예가 없다.

아비야의 경우는 다르다. 당시 상황을 추측해 보면, 르호보암이 죽고 유다 정국이 어수선한 틈을 타서 여로보암이 전쟁을 일으켰을 것이다. 아비야는 당연히 나라를 지켜야 했다.

40만 군사를 이끌고 이스라엘과 대치한 아비야가 이스라엘의 실상을 신랄하게 비판한다. 유다는 정상적으로 신앙을 지켰는데 이스라엘은 우상을 섬기고 성직을 문란하게 만들었다면서, 그런 이스라엘이 어떻게 여호와의 나라를 대적하려 하느냐고 질책했다. 그리고 전쟁에서도 이겼다. 북 왕국 군사는 80만이었지만 남 왕국의 40만을 당하지 못했다.

이 전쟁은 남 왕국과 북 왕국의 군사력이 마주친 전쟁이 아니라 하나님과 금송아지의 싸움이었다. 남 왕국이 이길 것이 자명했다. 애초에 여로보암이 북 왕국을 세울 적에는 세금과 노역에 저항한다는 명분이라도 있었다. 하지만 금송아지 우상을 만들고 제사장을 마음대로 임명하는 것이 세금이나 노역과 무슨 상관이 있단 말인가? 결국 두 배나 우세한 군사력을 가지고도 힘 한 번 제대로 써보지 못하고 패퇴했다.

이 내용만 놓고 따지면 아비야가 하나님을 잘 섬긴 사람처럼 보인다. 그런데 성경의 기록은 그렇지 않다. 아비야는 그 부친이 행한 모든 죄를 범한 사람이고, 그 마음이 다윗과 같지 않아서 하나님 앞에 온전하지 못했다고 지적한다.

아비야는 재위 기간이 짧은 탓에 행적에 대한 기록이 별로 없다. 여로보암과 싸워서 이긴 내용뿐이다. 그런데 성경은 아비야를 '하나님 앞에 온전하지 못한 사람'이라고 한다. 아비야는 하나님 앞에 온전한 사람이 아니라 여로보암처럼 악한 사람이 그 주변에 있었던 사람에 불과하다. 아비야가 의로운 것이 아니라 여로보암이 더 악했다.

학교에서 시험을 볼 적에 남들이 엉망으로 보면 자기가 조금 못 봐도 성적이 오를 수 있다. 하지만 하나님 앞에서는 그런 게 통하지 않는다. 이 세상에서는 모든 것을 상대적으로 따지지만 신앙은 그렇지 않기 때문이다. 우리는 다른 사람과 비교해서 괜찮다는 평가를 받으면 되는 사람이 아니라 하나님 앞에 온전해야 하는 사람들이다.

아비야는 여로보암에게 하나님을 그렇게 엉터리로 섬기면 어떻게 하느냐고 질책했으면서 자기도 하나님 앞에 온전하지 못했다. 결국 그때 아비야가 한 얘기는 자기의 실제 수준을 표출한 것이 아니라 자기가 알고 있는 내용을 읊은 것에 불과했다는 뜻이다. 어쩌면 우리가 사도신경을 외우는 것과 같았는지 모른다. 전능하신 아버지 하나님, 천지의 창조주를 믿는다고 하는데 그런 모습은 안 보인다. 신앙은 교리로 암송된 것이 고작이다.

적어도 아비야는 어떻게 하는 것이 옳은 것인지는 알았다. 어쩌면 그런 말을 한다는 사실만으로 자기가 괜찮은 사람인 줄로 착각했을 수도 있다. 하지만 성경은 어느 만큼 맞는 말을 하느냐로 사람을 평가하지 않는다. 다른 사람과 비교해서 상대적으로 따지지도 않는다. 아비야는 말도 멋있게 했고 여로보암보다 낫기도 했지만 하나님 앞에서 온전하지는 못한 사람이었다.

유다 왕 **아사**   ✡

아사가 유다 왕이 된 것은 북 왕국 여로보암 왕 20년의 일이다. 여로보암
은 22년 동안 이스라엘 왕이었는데 그 사이에 유다는 르호보암에서 아비야
로, 아비야에서 아사로 계속 왕이 바뀌었다.

아사는 선한 왕으로 꼽히는 사람이다. 무엇보다도 유다 각지에 있는 우
상을 훼파하고 율법을 바로 세웠다. 아사가 즉위할 당시의 여로보암은 아
비야한테 패해서 크게 위축된 상태였다. 다윗을 이어 왕이 된 솔로몬이 안정
된 정세 속에서 성전을 건축할 수 있었던 것처럼 아사 역시 안정된 정세 속
에서 종교 개혁을 단행할 수 있었다. 아비야가 비록 칭찬 받을 만한 왕은
아니었지만 그의 행적은 아사가 칭찬 받을 일을 하는데 밑거름이 되었다.
하나님께서 하시는 일이 다시금 놀랍다.

아사가 이방 제단을 헐고 율법을 시행함에 따라 나라가 평안해졌다. 그

평안한 기간을 이용해서 유다 여러 곳에 성읍을 건축했다. 하나님께서 주신 평안은 즐기라고 있는 것이 아니다. 건강은 건강할 때 지켜야 하는 것처럼 평안은 평안할 때 지켜야 한다. 평안할 때 힘을 길러두어야 환난이 닥쳐도 그것을 이길 수 있다. 평안할 때 평안을 낭비하면 환난을 대비할 수 없게 된다. 이런 점에서 아사는 상당히 지혜로운 왕이었다. 종교를 개혁해서 나라를 하나님 앞에 바로 세우는 한편 각처에 성곽과 망대를 쌓아서 부국강병에 힘썼다.

그런 즈음에 구스의 세라가 100만 대군을 이끌고 침공해왔다. 성경에 나오는 이방의 침입은 주로 하나님의 징계를 의미한다. 하지만 구스가 쳐들어온 것은 다르다. 징계가 아니라 연단이다. 오리걸음으로 운동장을 도는 것이 숙제를 안 한 학생에게는 벌이지만 운동선수에게는 훈련인 것과 같다.

처음부터 풀어보면 아비야가 여로보암을 제압해서 아사가 종교 개혁을 단행할 수 있었고, 그 종교 개혁으로 나라가 평안한 가운데 부국강병에 힘쓸 수 있었다. 또 부국강병에 힘쓴 결과로 구스의 침공을 넉넉히 물리칠 수 있었다. 하나님 보시기에 합당하게 사는 삶이 어느 만큼 복된지 직접 체험한 것이다.

구스를 이기고 돌아온 아사는 이전에 행하던 종교 개혁에 더욱 박차를 가했다. 자기가 하는 일을 하나님께서 기뻐하신다는 확신을 얻은 것이다. 그때의 종교 개혁은 태후였던 어머니 마아가를 폐위시킬 정도로 철저했다. 태후 마아가가 아세라를 섬겼는데, 아사는 어머니라고 해서 그냥 넘어가지 않았다.

아무리 왕이라고 해도 말 한 마디로 궁중 어른을 폐위시킬 수는 없다. 아비야가 왕위에 오른 지 3년 만에 죽었음을 감안하면 더욱 그렇다. 아사는 어린 나이에 왕위에 올랐을 것이고, 그러면 태후인 마아가가 섭정을 했을 것이다. 아사가 태후를 폐위했다는 얘기는 인간적인 정에 얽매이지 않았다는 얘기 정도가 아니다. 처음에는 태후가 자기보다 더 힘이 강했지만 치밀한 계획 끝에 마침내 그 일을 이뤄냈다는 뜻이다. 그리고 이런 노력을 통해서 유다 사방에 평안이 찾아왔다.

하지만 아사도 완전한 사람은 아니었다. 아사는 41년간 재위했는데 그동안 이스라엘에는 여로보암, 나답, 바아사, 엘라, 시므리, 오므리, 아합 일곱 명의 왕이 있었다. 그리고 바아사가 이스라엘 왕이 된 다음부터 전쟁이 있었다.

이 내용은 당시 북 왕국 이스라엘의 정세로 설명할 수 있다. 아사가 왕위에 오를 때 이스라엘 왕은 여로보암이었다. 그때 여로보암은 아비야에게 패한 후유증으로 전쟁을 도발할 형편이 아니었다. 여로보암을 이어 왕위에 오른 사람이 나답인데, 나답 재위 2년에 바아사가 쿠데타를 일으켰다. 나답은 나라를 제대로 추스르기도 전에 왕위에서 축출되었으니 그 역시 전쟁을 도발할 여력이 없었다. 하지만 바아사가 왕이 된 다음부터는 달라진다. 쿠데타로 정권을 장악한 바아사는 24년간 이스라엘을 통치했다. 그가 정권을 잡고 정국을 수습하자, 유다와 이스라엘 사이에 전운이 감돈 것이다.

하지만 이것은 역사학자들의 설명이다. 하나님을 아는 사람들은 얘기를 그렇게 하지 않는다. 아사가 바아사에게 시달림을 받는다는 얘기는 하나님을 섬기는 아사의 마음에 문제가 생겼다는 뜻이다.

하나님은 그만큼 철저하신 분이다. 아사가 아무리 공로가 많아도 이전 공로가 현재의 불순종을 상쇄시켜 주지는 않는다. 사랑 고백이 현재형이라야 하듯이 신앙 고백 또한 그렇다. "나는 한때 당신을 사랑했던 적이 있습니다"라는 말을 좋아할 사람이 없는 것처럼 하나님도 "제가 예전에는 하나님을 잘 섬겼습니다"라는 말을 좋아하지 않으신다.

바아사가 유다를 침공했을 때의 일이다. 아사가 아람에 조공을 보내어 도움을 요청했다. 당시 아람 왕은 벤하닷이었는데, 벤하닷의 아버지는 다브림몬이다. 아사의 아버지 아비야와 다브림몬 사이에는 동맹이 체결되어 있었다. 또 아사와 벤하닷 사이에도 약조가 있었다. 아람은 아비야와 아사 초기에는 유다와 화친하다가 나중에는 이스라엘과 화친하는 것으로 외교 정책을 바꿨다.

아비야는 여로보암과의 싸움에서 크게 이겼다. 아사도 초기에는 구스의 세라를 이겼다. 즉 아람은 유다가 강성할 때는 유다와 화친하다가 이스라엘이 강성할 때는 이스라엘과 화친한 것이다. 그런 상황에서 아사가 예물을 보내어 이전의 우호관계를 회복하고자 했다. 이 일을 위해서 왕궁 곳간만이 아니라 성전에 있는 보물마저 취하였다.

도무지 이해가 되지 않는다. 아사는 하나님의 도우심으로 구스의 세라가 이끄는 100만 대군을 이겼던 사람이다. 그런데 바아사의 위협 앞에서는 지난날에 있었던 하나님의 도우심을 떠올리는 것이 아니라 국제 정세를 기준으로 생각하고 있다.

남의 얘기가 아니다. 예수를 믿는 사람이면 누구나 자기의 지난날이 하나님의 은혜였다고 고백한다. 그러면서 세상을 살아갈 때는 자기의 얄팍한 재주를 의지하려고 한다. 20년 전에도 함께 하셨고 10년 전에도 함께 하신 하나님께서 지금 주어진 문제에는 함께 하시지 않을 것처럼 늘 허둥댄다.

바아사가 유다를 침공할 수 있었던 이유는 아람과 화친조약이 되어 있었기 때문이다. 그런데 아람이 화친조약을 무시하고 이스라엘을 공격하는 바람에 철수할 수밖에 없었다. 아사의 의도대로 된 셈이다. 아람을 끌어들인 작전이 멋있게 주효했다. 아사는 무척이나 흡족했을 것이다.

이런 모습이 작금의 기독교인들에게는 없을까? 하나님을 바로 섬겼던 기억은 있다. 가끔 그 사실을 간증도 한다. 그런데 세상을 살아가면서는 세속적인 방법을 동원한다. 다행히 자기의 잔재주가 통하면 감사헌금도 한다. 상당히 낯익은 모습이다.

그런 아사를 선견자 하나니가 책망했다. 아사는 자기의 외교 전략으로 바아사를 물리쳤다고 흐뭇했겠지만 하나님 보시기에는 옳지 않은 처신이었다. 세상 사람들에게 인정받는 일도 교회에서는 책망 받을 수 있다. 이 세상과 교회는 추구하는 가치가 다르기 때문이다. 우리의 일차적인 관심은 세상 사람들에게 인정받는 것이 아니라 하나님께 인정받는 것이다. 아사의 경우로 말하면 일차적인 관심이 "어떻게 해서 바아사를 물리칠 것이냐?"가 아니라 "어떻게 하는 것이 하나님 보시기에 옳은가?"여야 했다.

하지만 아사는 무엇이 문제인지 몰랐다. 자신을 책망하는 하나니를 옥에 가두고 말았다. 하나님 말씀에 화를 낸다는 얘기는 그 정도로 심각하게 틀렸다는 뜻이다. 아사가 그만큼 타락해 있었다. 그것만이 아니다. 그로부터 상당 기간이 지난 다음에 발에 병이 들었는데, 하나님께 구하지 않고 의원들을 의지하는 잘못을 범한다.

병이 있을 때 의원을 찾는 것은 당연한 일이다. 감기에 걸렸을 때 믿음이 좋은 사람은 기도해서 고치고, 믿음이 없는 사람은 약 먹고 고치는 것이 아니다. 하나님께서 인간에게 지성을 주셨고, 인간이 그 지성을 통해서 약을 만들었으니 약을 먹고 병을 고치는 것은 지극히 정상이다. 오히려 약을 먹지 않고 기도해서 고치겠다고 고집부리는 것이 하나님께서 세상을 운행하시는 방법을 모르는 탓이다.

아사는 그런 일반적인 경우와 다르다. 아사는 자기한테 왜 그런 일이 일어났는지를 생각해야 했다. 죄에 빠진 인간을 돌이키는 가장 좋은 방법이 고난이기 때문이다. C. S. 루이스의 말처럼 고난은 하나님의 확성기이다. 그런데 아사는 고난을 통해서도 하나님을 찾지 않았다.

전에는 그렇지 않았다. 앞에서 아사는 선과 정의를 행하는 사람으로 등장했다. 그런데 말년에는 초라하게 변질되고 말았다. 구스의 100만 대군 앞에서 하나님을 의지하던 모습도 없고 유다를 하나님의 나라로 바꾸려고 노력하던 모습도 없다. 태후를 폐위시키던 과감한 결단도 없다. 그저 시류를 좇아 살아가는 보잘것없는 모습뿐이다.

그럼에도 불구하고 아사에 대한 평가는 대체로 긍정적이다. 성경은 "그 조상 다윗 같이 여호와 보시기에 정직히 행했다"고 후한 점수를 준다. 구체적인 기록은 없지만 아마 죽기 전에 회개한 것이 아닌가 싶다.

이스라엘 왕 나답 ✡

여로보암 다음에 이스라엘 왕이 된 사람이 나답인데 그의 재위 기간은 2년에 불과했다. 모반을 일으킨 바아사한테 죽임을 당했기 때문이다. 다윗의 정통성을 이은 남 왕국 유다는 한 번도 왕조가 바뀐 적이 없는데 북 왕국 이스라엘은 250년 남짓 나라가 유지되는 동안 아홉 번이나 왕조가 바뀌었다. 그렇게 자주 왕조가 바뀌면서도 하나님 보시기에 선한 왕이 한 번도 나오지 않았다는 사실이 신기할 따름이다. 하나님의 통치를 나타내려는 사람은 아무도 없었고 그저 자기들끼리 왕권 다툼만 했다.

성경에는 나답에 대한 기록이 별로 없다. 여로보암에 이어 왕이 되었다가 바아사한테 죽임을 당했다는 내용이 고작이다. 그러면 나답은 무엇을 한 사람일까? 여로보암을 이었다가 죽은 사람이다. 우리가 알 수 있는 사실은 그것뿐이다.

일찍이 하나님께서 여로보암의 죄를 경고하시기를, 여로보암에게 속한 자가 성에서 죽은즉 개가 먹고 들에서 죽은즉 공중의 새가 먹을 것이라고 했다. 나답은 여로보암의 아들이다. 혈육에 의해서 여로보암에게 속한 사람이다.

하지만 여로보암에게 속했다는 얘기는 혈육을 근거로 하는 얘기가 아니다. 누구든지 여로보암의 길로 행하는 자는 같은 최후를 맞을 것이다. 나답은 그런 죽음을 죽은 사람이다. 여로보암의 아들이어서 비참하게 죽은 것이 아니라 여로보암의 죄를 답습해서 비참하게 죽었다.

이스라엘 왕 **바아사** ✡

바아사는 반란을 통해서 정권을 잡았다. 정권을 잡은 다음에 가장 먼저 나답과 그의 모든 일족을 죽였다. 왕조가 바뀌면 다반사로 있는 일이다. 바아사 역시 나답에 속한 사람을 다 죽이는 것으로 정권 기틀을 다졌다. 그렇게 해야 역 쿠데타를 봉쇄함은 물론 옛 왕조에 충성된 사람들의 도발도 방지할 수 있다.

하지만 성경은 달리 얘기한다. 하나님께서 여로보암에게 속한 자가 성에서 죽은즉 개가 먹고 들에서 죽은즉 공중의 새가 먹을 것이라고 하신 말씀이 바아사에 의해서 성취되었다고 한다.

바아사가 충성된 하나님의 종이었던 것이 아니다. 바아사는 왕이 되고 싶은 욕심으로 반란을 일으켰고 자기 왕권을 다지기 위해서 나답 일족을 멸했을 뿐이지만 하나님은 악인의 악행을 통해서도 하나님의 일을 이루시는 분이시다.

만일 기독교가 "어떤 일을 했느냐?"를 따지는 종교라면, 바아사는 하나님 보시기에 의로운 사람일 수 있다. 나답을 축출한 일은 하나님 뜻에 맞는 일이다. 하지만 "어떤 사람이 되느냐?"를 따지는 종교라면 바아사는 하나님 앞에서 아무런 분깃도 없다. 그가 나답을 축출한 일은 하나님 나라 확장을 위한 일이 아니라 자기 욕망의 성취를 위한 일이었다.

특히 바아사가 간과한 사실이 있다. 자기의 왕권은 나답한테 속한 사람을 죽이는 것으로 보장되는 것이 아니라 하나님에 의해서 보장된다는 사실이다. 바아사는 자기를 통해서 나답한테 임한 일이 여로보암에 대한 하나님 말씀의 성취인 줄 알아서 같은 길을 걷지 않도록 조심해야 했다.

하지만 그런 안목이 없었다. 결국 여로보암이 들었던 저주처럼 "바아사에게 속한 자가 성읍에서 죽으면 개가 먹고 들에서 죽으면 공중의 새가 먹는다"는 끔찍한 말을 들어야 했다. 여로보암이 들었던 얘기와 똑같다. 여로보암과 같은 길을 걸었으니 종착역도 같을 수밖에 없다.

한편, 바아사가 이스라엘 왕이 될 당시의 유다 왕은 아사였다. 바아사는 예루살렘 북방 6km에 라마를 건축해서 유다를 억압했다. 이 일을 위해서 사전에 아람과 화친조약도 맺었다. 나름대로 꼼꼼하게 일을 처리한 것이다. 그런데 아사한테 뇌물을 받은 아람 왕 벤하닷이 약조를 어기는 바람에 군사를 되돌릴 수밖에 없었다.

어쩌면 바아사는 벤하닷 때문에 계획이 수포로 돌아갔다고 생각했을 것이다. 벤하닷이 약조를 어긴 것은 사실이다. 하지만 벤하닷은 그전에 이미 아사와 약조가 있었다. 그런데 그 약조를 파기하고 바아사와 화친했다가 다시 그것을 파기하고 아사와 화친을 맺었다. 한 번 배신한 사람이 두 번 배신하는 게 어려울까? 바아사의 문제는 벤하닷이 배신했다는 사실이 아니라 신뢰할 수 없는 대상을 신뢰했다는 사실이었다. 이 세상에서 허탄한 것을 의뢰하는 사람들은 바아사처럼 낭패를 당할 것이다.

24년을 재위한 바아사의 행적에 대해서 성경은 나답을 죽이고 왕이 되었다는 사실과 아사와 전쟁을 벌였다는 사실 말고는 별다른 얘기가 없다. 그가 죽자, 그의 시신은 디르사에 장사되었고 그의 아들 엘라가 왕이 되었다.

일찍이 하나님께서는 바아사에게 속한 자가 성읍에서 죽으면 개가 먹고 들에서 죽으면 공중의 새가 먹을 것이라는 저주를 말씀하셨다. 그런 저주대로라면 바아사는 비참하게 죽어야 한다. 그런데 정상적으로 죽어서 정상적으로 장사되었다.

하나님의 말씀이 틀릴 리는 없다. 그는 어떻게 해서든지 개가 그 시신을 뜯어 먹든지 공중의 새가 시신을 쪼아 먹는 비참한 지경을 당해야 하는 사람이다. 천생 바아사의 운명은 그가 매장된 것으로 끝나는 것이 아니어야 한다. 하나님께서 그에게 선포하신 저주는 그의 죽음 이후에라도 분명히 성취될 것이다.

스티브 잡스가 자신의 죽음을 바라보면서 한 말이 있다. "평생 축적된 이 모든 경험이 그냥 없어져 버린다고 생각하면 뭔가 이상하다. 아무래도 그렇지 않을 것 같다. 뭔가 살아남는 게 있을 것이다. 어쩌면 우리 의식이 지속될 것이라고 나는 믿고 싶다."

사람들은 마치 전원이 나가는 것처럼 죽으면 모든 것이 끝나는 줄 아는데 그렇지 않다. 죽음은 존재의 소멸이 아니다. 그리고 하나님은 이 세상과 다음 세상의 주인이다.

이스라엘 왕 **엘라** ✡

바아사를 이은 엘라의 재위 기간은 2년에 불과하다. 시므리가 모반을 일으켜서 엘라를 살해했다. 유다의 아사 왕 27년에 일어난 일이다.

엘라의 아버지 바아사도 쿠데타로 정권을 잡았다. 그때 바아사는 깁브돈을 공격 중인 나답을 죽이고 왕이 되었다. 그런데 이번에도 이스라엘이 깁브돈에서 전쟁을 벌일 적에 시므리가 엘라를 죽이고 왕이 되었다. 동일한 잘못에 대해서 동일한 상황에서 동일한 심판을 행함으로써 후사를 경계하시고자 하는 하나님의 의도가 엿보인다.

바아사가 왕위에 오르면서 나답한테 속한 사람은 모두 죽였다. 바아사한테는 그것이 정권을 장악하는 과정이었다. 하지만 하나님께서는 여로보암에게 속한 자가 성에서 죽은즉 개가 먹고 들에서 죽은즉 공중의 새가 먹을 것이라는 말씀에 대한 성취였다. 시므리도 엘라에 속한 사람은 다 죽였다.

시므리한테는 모반의 한 절차였지만 그 일 역시 바아사에게 속한 자에 대한 저주의 성취였다. 나답, 바아사, 엘라, 시므리를 통해서 똑같은 일이 반복되었다. 사람은 이 정도로 우매하다. 같은 재앙이 반복되는 것을 보면서도 그 일이 왜 일어나는지 모른다. 욕심에 사로잡히면 별 수 없다.

이스라엘 왕 **시므리** ✡

엘라를 죽이고 왕이 된 시므리는 남 왕국, 북 왕국을 통틀어서 재위 기간이 가장 짧다. 고작 7일을 왕으로 있었다. 깁브돈에서 전투 중이던 오므리가 시므리의 쿠데타 소식을 듣고 디르사로 회군했는데, 그 싸움에서 시므리가 패했다. 시므리는 깁브돈에 있던 오므리의 군사가 디르사에 이를 때까지만 잠깐 왕 노릇을 한 셈이다. 자기 왕권이 7일에 불과하게 된다는 사실을 알았다면 애초부터 모반을 획책하지 않았을 것이다.

남의 얘기가 아니다. 사람들한테 "당신의 수명이 앞으로 7일밖에 남지 않았으면 그 7일을 어떻게 살겠습니까?"라고 물으면 뭐라고 대답할까? 전부다 경건하고 성실하게 살겠다고 대답할 것이다. 평생을 강도짓으로 살아온 사람이라고 해도 "마지막으로 크게 한탕하겠다"고 하지 않고 "사죄할 사람한테는 사죄하고 지나간 날들을 참회하며 조용히 살겠다"고 할 것이다.

7일이 아니고 70일이면 어떨까? 별 차이가 없을 것이다. 70주나 70개월이면 차이가 있을까? 70년은 어떨까? 사람들은 늘 시간이 빠르다는 얘기를 한다. 지나간 시간만 빠른 게 아니다. 앞으로 다가올 시간 역시 마찬가지다. 10년 전부터 오늘까지의 10년이나 오늘부터 10년 후까지의 10년이나 같은 10년이다. 같은 빠르기로 지나갈 것이다.

문상을 갈 때마다 느끼는 것 중의 하나가, 사람들이 자기는 언제나 문상을 다니기만 할 줄 아는 것 같다는 사실이다. 문상객들이 자기의 죽음을 애도하는 날도 있다는 사실을 생각하지 못한다. "우리에게 우리 날 계수함을 가르치사 지혜로운 마음을 얻게 하소서(시 90:12)"라는 모세의 간구가 다시금 새롭다. 적어도 예수를 믿는다면 "어떻게 살 것인가?"보다 "어떻게 죽을 것인가?"에 더 착념해야 한다. 죽음을 잘 준비해야 잘 살 수 있다.

오므리한테 패한 시므리는 스스로 목숨을 끊는 것으로 생을 마감했다. 어쩌면 시므리한테는 자신의 인생이 아무런 의미가 없었을 수 있다. 그는 부끄러운 이름밖에 남긴 것이 없다. 하지만 하나님은 그런 시므리를 통해서 바아사에게 속한 엘라를 벌하셨다. 그가 왕이 되어서 한 유일한 일이 바아사의 온 집을 멸한 일이다. 하나님은 악한 자를 들어서 악한 자를 벌하신다.

세상 사람들이 보기에 시므리는 쿠데타를 일으켰다가 실패해서 죽은 사람이다. 실패 원인을 꼽으라면 병권을 장악하고 있는 오므리에 대한 대책을 제대로 세우지 않고 성급하게 거사를 벌인 점을 들 수 있다. 시므리가 신중

한 인물이었다면 오므리를 자기편으로 만들든지 혹은 오므리를 무력화시킬 수 있는 다른 방안을 강구했을 것이다.

성경은 그렇게 얘기하지 않는다. 시므리가 죽은 것을 놓고 "이는 시므리의 군사가 오므리의 군사를 이기지 못함이었더라"나 "이는 그가 오므리의 존재를 간과함이었더라"라는 얘기는 없고 "그가 여로보암의 길로 행하며 이스라엘로 죄를 범하게 한 때문이더라"라는 얘기만 있다. 쿠데타 전략에 문제가 있는 것이 아니라 하나님 보시기에 악한 것이 문제였다.

시므리로서는 억울한 평가일 수 있다. 그의 재위 기간은 고작 7일이다. 왕좌에 제대로 앉아보지도 못했는데 무슨 수로 여로보암의 길로 행하고, 언제 이스라엘로 죄를 범하게 했다는 말인가? 시므리에게 항변의 기회가 주어진다면, 비록 군사를 일으켜서 엘라를 해한 것은 맞지만 언제 이스라엘을 죄의 길로 몰아넣었느냐고 반박할 것이다. 자기는 그럴 마음도 없었거니와 설령 마음이 있었다고 해도 그럴 시간이 없었다면서 '쿠데타 일지'라도 보여 줄 것이다.

결국 이 얘기는 그가 왕위에 있으면서 구체적으로 어떤 행위를 했느냐를 묻는 게 아니다. 여로보암의 길로 갈 수밖에 없는 그의 성정을 지적하는 것이다. 사과나무에 사과가 달리지 않아도 사과나무인 것처럼 나쁜 열매를 맺지 않아도 나쁜 나무는 나쁜 나무일 수밖에 없다.

이스라엘 왕 **오므리**   ✡

시므리가 엘라를 죽이고 왕이 되었다는 얘기를 들은 오므리가 군사를 일으킨다. 결국 시므리 정권은 7일 천하로 막을 내리고 말았다. 그것으로 모든 상황이 종결된 것이 아니다. 디브니가 오므리를 대항해서 군사를 일으켰다. 아마 엘라 치하의 실력자가 시므리와 오므리, 디브니 셋이었던 것 같다. 오므리는 디브니까지 제압한 다음에 왕이 될 수 있었다.

사울이나 다윗이 어떻게 왕이 되었는가? 하나님께 소명을 받고 나중에 백성들에게 인정도 받았다. 그런데 북 왕국은 모든 것이 엉망이다. 누구든지 힘만 있으면 왕이 되는 이상한 나라가 되고 말았다.

시므리와 오므리의 싸움에서 오므리가 이길 줄 알면서도 시므리를 편든 사람은 없을 것이다. 오므리가 디브니와 싸울 때도 그렇다. 오므리가 이길 줄 알면서 디브니를 편든 사람도 없을 것이다. 전부 다 자기 주군이 이기기를 바라는 마음으로 열심히 싸웠을 것이다. 자고로 줄을 잘 서야 한다. 이 긴 편에 줄을 서면 개국공신이 되어 부귀영화를 누리지만 진 편에 줄을 서면 반역의 무리로 전락한다.

이런 점에서 우리는 참으로 마음 든든한 사람들이다. 우리가 믿는 주님께서 세상을 이기셨기 때문이다. 우리는 이길 수도 있고 질 수도 있는 싸움을 싸우는 사람들이 아니라 이미 이긴 싸움을 싸우는 사람들이다. 그러면 적어도 시므리나 오므리, 디브니의 군사들이 자기 주군을 위해서 싸우던 것보다 몇 배 더 큰 열심으로 믿음의 선한 싸움을 싸울 수 있어야 한다. 지금 이 싸움에 게으르면 두고두고 후회할 것이다. 1945년 4월 17일, 괴벨스가 나치 선전부에서 행한 연설이 있다. "제군들이여! 100년 후 이 끔찍한 날들을 소재로 멋진 영화가 만들어진다면 여러분은 어떤 역할을 맡길 원하는가? 여러분이 화면에 나올 때 관객들에게 조롱의 휘파람 소리를 듣지 않으려면 지금 어떻게 처신해야 할지 잘 알리라 믿는다."

각설하고 이스라엘 역사에서 오므리는 상당히 중요한 인물이다. 그의 치세에 이스라엘은 크게 번창했다. 모압 왕 메사가 디본에 세운 비석이 주후 1868년에 발굴되었는데, 그 비석에는 오므리가 모압 북쪽을 지배하고 있어서 조공을 바쳐야 했다는 기록이 있다. 또 설형문자로 된 앗수르의 기록에는 오므리 훨씬 후대에도 이스라엘을 '오므리의 집'이라고 했다. 오므리가 그만큼 뛰어난 왕이었다. 하지만 세속적인 평가로만 그렇다. 하나님께서 보시기에는 '여호와 보시기에 악을 행하되 그전의 모든 사람보다 더욱 악하게 행하여 여호와를 노하시게 한 사람'이다(왕상 16:25-26).

특이한 것은 성경이 밝히고 있는 오므리의 행적이 그리 많지 않다는 사실이다. 모압이나 앗수르에서 언급할 만큼 강력한 왕이었지만 하나님 보시기에는 그저 그런 사람이었다. 성경에 기록된 그의 행적은 시므리와 디브니를 이기고 왕이 되었다는 사실과 수도를 디르사에서 사마리아로 옮겼다는 내용뿐이다. 오므리가 은 두 달란트로 세멜에게서 사마리아 산을 사서 성을 건축하고 그 성의 이름을 산 주인의 이름을 따라서 사마리아라 지었다.

쿠데타로 왕이 된 것은 오므리만이 아니다. 천생 오므리가 어느 만큼 악한 사람이었느냐 하는 문제는 수도를 디르사에서 사마리아로 옮긴 사실에서 찾아야 한다.

우선 매매가격이 지나치게 헐하다. 야트막한 언덕도 아니고 수도를 건설할 만한 규모의 산을 은 두 달란트에 거래했다. 한 달란트는 34kg이다. 당시 은의 시세는 모르지만 산 하나를 거래할 만한 액수는 아닐 것이다. 오므리가 왕이라는 지위를 이용하여 헐값에 매수했음을 짐작할 수 있다. 하지만 이 정도를 놓고 여호와 보시기에 가장 악했다고 하지는 않을 것이다. 뭔가 다른 것이 있어야 한다.

성 이름이 수상하다. 오므리가 세멜에게서 산을 사서 거기에 성을 건축했는데, 성의 이름을 세멜의 이름을 따서 사마리아라고 지었다. 왜 자기 이름을 따지 않고 원래 주인 이름을 땄을까? 성의 이름만 들으면 세멜을 주인으로 오해하기 십상이다.

이스라엘에서는 토지 매매가 금지되어 있다. 토지는 하나님의 것이기 때문이다. 오므리가 성의 이름을 사마리아라고 지은 이유를 여기서 추론할 수 있다. 땅을 억지로 강탈하다시피 했으면서 그곳에 옛 주인의 이름을 붙여서 소유자가 바뀐 사실을 숨기려고 했다. 그렇게 해서 만들어진 이름이 '사마리아'다. '사마리아'라는 명분을 내세우는 얄팍한 잔재주로 하나님을 속이려고 한 것이다. 그래서 성경은 오므리를 가리켜서 '그전의 모든 사람보다 더욱 악을 행하였다'고 한다.

이런 오므리한테서 오므리보다 더 악명 높은 아합이 태어난다.

이스라엘 왕 **아합** ✡

오므리를 이어 아합이 왕이 되었다. 오므리도 '그전의 모든 사람보다 더욱 악을 행했다'는 평가를 받았는데 아합 역시 '그전의 모든 사람보다 더욱 악을 행했다'는 평가를 받았다. 악한 쪽으로는 아합이 한 수 위인 셈이다.

> 오므리의 아들 아합이 그의 이전의 모든 사람보다 여호와 보시기에 악을 더욱 행하여 느밧의 아들 여로보암의 죄를 따라 행하는 것을 오히려 가볍게 여기며 시돈 사람의 왕 엣바알의 딸 이세벨을 아내로 삼고 가서 바알을 섬겨 예배하고 (왕상 16:30-31)

아합은 여로보암의 죄를 훨씬 능가하는 죄를 범했다고 하면서 그 죄의 내용으로 이세벨을 아내로 맞은 얘기를 한다. 이세벨은 시돈의 공주인데, 시돈은 바알 숭배의 본산이었다. 시돈 왕 엣바알은 바알의 사람이라는 뜻이다. 이세벨이 시집오면서 자기 몸만 온 것이 아니다. 자기가 섬기던 우상과 그 우상을 섬기는 제사장들도 같이 왔다. 이스라엘에 본격적으로 우상숭배가 만연하게 된 것이다. 그런 일을 조장한 사람이 바로 아합이다.

> 그 시대에 벧엘 사람 히엘이 여리고를 건축하였는데 그가 그 터를 쌓을 때에 맏아들 아비람을 잃었고 그 성문을 세울 때에 막내아들 스굽을 잃었으니 여호와께서 눈의 아들 여호수아를 통하여 하신 말씀과 같이 되었더라(왕상 16:34)

"그 시대에 이런 일이 있었다"라는 얘기는 "이스라엘 역사상 가장 악한 아합이 나라를 다스리던 시대에 이런 일이 있었다"라는 뜻이다. 그러면 여기에 나오는 내용은 죄악이 관영한 나라의 형편을 단적으로 보여주는 일이어야 한다. 그 일이 여리고성을 재건하는 일이었다.

여리고성을 재건하는 일이 왜 그토록 악한 일인지는 여리고성의 역사를 보면 알 수 있다. 여리고성은 이스라엘이 가나안에 입성할 때 하나님께서 친히 무너뜨린 성이다. 그때 여호수아가 "누구든지 일어나서 이 여리고성을 건축하는 자는 여호와 앞에서 저주를 받을 것이라 그 기초를 쌓을 때에 그의 맏아들을 잃을 것이요 그 문을 세울 때에 그의 막내아들을 잃으리라(수 6:26)"라고 한 바 있다. 하나님께서 무너뜨린 것을 세우려 하는 자는 저주를 받는 것이 마땅하다. 하나님께서 사랑하는 것을 사랑하지 않는 것이 불신앙인 것처럼 하나님께서 미워하는 것을 미워하지 않는 것도 불신앙이다.

아합 시대가 그런 시대였다. 하나님께서 미워하시는 것을 한사코 사랑하려는 시대였다. 자신들의 세속적인 욕망을 좇아 하나님께서 무너뜨린 것을 다시 세우려는 시대였다. 이런 사실을 안다면 혹시 우리한테는 하나님께서 허무신 것을 다시 세우려는 불충이 있지나 않은지 확인해야 할 것이다. 하나님께서 허무신 것을 다시 세우고 싶어 한다면 그것이 자기 안에 있는 여리고성이다.

이처럼 악한 시대에 엘리야가 가뭄을 예언했다. 여리고성을 세우려는 자는 저주를 받을 것이라는 여호수아의 예언이 성취된 것처럼 가뭄이 있을 것이라는 엘리야의 예언도 성취되어 무려 3년 6개월 동안 우로가 그쳤다. 3년 6개월 동안 우로가 그치면 지금처럼 과학 문명이 발달한 시대에도 상당한 재앙이다. 하물며 구약시대라면 말할 것도 없다.

그 유명한 갈멜산 전투가 이때 벌어진다. 엘리야가 바알 선지자 450명과 아세라 선지자 400명을 상대로 홀로 싸움을 벌인 것이다. 각자 제물을 놓고 기도해서 불로 응답하는 신을 참신으로 인정하기로 했다. 그런데 바알 선지자와 아세라 선지자는 아무리 부르짖어도 응답이 없더니 엘리야가 쌓은 제단에는 하나님께서 불을 보내어 응답하셨다. 바알과 아세라는 거짓 신이고 하나님이 참신이라는 사실이 확인되었다.

그것만이 아니다. 하나님께서 비도 내리셨다. 엘리야가 쌓은 제단에 불로 응답함으로써 참 하나님이 누구인지를 알리심과 함께 가뭄으로 신음하던 이스라엘에 자비를 베풀어 주셨다. 하지만 이런 일을 통해서도 아합은 회개하지 않았다.

아람 왕 벤하닷이 이스라엘을 침공했을 때의 일이다. 이스라엘은 맞서 싸울 엄두를 내지 못했지만 하나님께서 선지자를 보내어 승리를 말씀하셨다. 아합이 의로워서가 아니다. 아합한테 하나님이 누구인지를 알리려는 것이다. 갈멜산 사건을 통해서도 정신을 못 차린 아합을 위해서 하나님께서 계속 개입하셨다. 갈멜산에서는 하나님의 능력을 한 칸 건너서 체험했지만 이번에는 직접 체험하게 된다. 비록 우리 생각에는 아합이 멸망 받아 마땅한 악인이었을지 몰라도 하나님 생각에는 그 역시 불쌍한 영혼이었다.

아닌 게 아니라 아합은 전쟁에서 크게 이긴다. 하지만 하나님께 돌아오지는 않았다. 이때 아합은 벤하닷의 항복을 받아들여 벤하닷을 살려주었는데, 그 일로 하나님의 책망을 받는다. 하나님께서 멸하기로 작정한 자를 살려주었기 때문이다. 하나님께서 "네 목숨으로 그의 목숨을 대신하라"고 엄히 꾸짖었다.

아합 마음에 근심이 생겼다. 하나님의 말씀을 듣고 근심이 생긴 것은 일단 바람직하다. 하지만 하나님의 말씀을 들은 사람의 책임은 어느 만큼 근심했느냐가 아니라 근심한 다음에 어떤 결정을 내렸느냐에 좌우된다. 그런 점에서 아합은 심히 유감스러운 사람이다. 시험 망치면 속상하다고 저녁 내내 고민하다가 밤새 술 퍼마시는 학생처럼 그는 점점 더 자신을 망가뜨리는 일을 하게 된다. 하나님의 책망을 듣고 근심하던 아합이 한 일은 나봇의 포도원을 탐낸 일이다.

나봇의 포도원이 아합의 궁 곁에 있었다. 아합이 그 포도원을 팔라고 했는데 나봇이 듣지 않았다. 이스라엘에는 토지 사유가 허락되지 않았다. 인간의 근본 된 땅은 하나님 소유이기 때문이다. 혹시 형편이 어려워서 팔게 되는 경우에는 그 친족이 도로 물렀고, 그마저 여의치 않으면 희년을 기다려서 돌려받을 수 있었다.

나봇은 이런 사실을 알고 있었다. 물론 아합도 알고 있었다. 하지만 아합의 판단 근거는 자신의 소욕이었고 나봇의 판단 근거는 하나님이었다.

아합이 나봇한테 포도원을 넘기라고 제안하면서 그보다 더 좋은 포도원을 주거나 포도원 가격을 돈으로 주겠다고 했다. 아합은 한 나라의 왕이다. 나봇이 가지고 있는 포도원보다 더 좋은 포도원도 있고 돈도 얼마든지 있는 사람이다. 어찌 포도원과 돈뿐이겠는가? 아마 감람나무 동산과 무화과 과수원도 있고 창고에는 온갖 금은보화도 있었을 것이다. 그런데도 포도원 때문에 상심했다. 자기한테 이미 좋은 것이 있는데도 그보다 못한 것을 탐내어 마음이 상했다.

하나님께서는 그리스도 안에서 하늘에 속한 모든 신령한 복을 우리에게 주셨다. 이 세상에서 오직 우리만 하나님의 자녀이다. 피조물에 불과한 우리가 감히 창조주를 아버지라 부른다. 하나님과 우리가 부자지간이다. 오직 우리만 예수 그리스도 이름으로 기도할 권세가 있다. 오직 우리에게만 진리가 있고, 생명이 있고, 자유가 있다. 그런데도 이 세상에 속한 보잘것없는 것 한 가지를 얻지 못해서 안달할 때가 비일비재하다.

이세벨이 나봇의 포도원 때문에 고심하는 아합한테 얘기한다. 그 정도 문제도 해결하지 못하느냐면서, 자기가 포도원을 갖게 해주겠다는 것이다.

신정국가의 전통에서 자란 아합은 그의 신앙 수준에 관계없이 율법에 대해서 들은풍월이 있었다. 자기가 아무리 왕이라도 율법에 근거한 나봇의 답변에 속수무책이었다. 하지만 시돈 사람인 이세벨은 다르다. 한 나라의 왕이면서 백성을 마음대로 하지 못하는 것은 말이 되지 않는다. 그래서 나봇의 포도원을 차지할 수 있게 해준다고 했다.

세상을 살아가려면 이런 사람이 필요하다. 안 되는 일도 되게 하는 사람, 아무리 어려운 난관이 있어도 기필코 마음먹은 일을 이뤄내는 사람을 능력 있는 사람이라고 한다. 안 되는 일을 되게 하는 것은 분명한 능력이다. 하지만 그것보다 더 큰 능력이 있다. 안 되는 일을 안 되는 일로 알아서 그냥 감수하는 능력이야말로 진정한 능력이다.

이세벨은 거짓 증인을 내세워 나봇을 율법을 범한 사람으로 몰아서 돌로 쳐서 죽이고 말았다. 아합한테는 이세벨이 '수호천사'인 셈이다. 탐나는 포도원을 지척에 두고서도 율법에 막혀 애를 태우고 있었는데 이세벨이 간단하게 해결해 주었다. 역시 장가는 잘 가고 볼 일이다.

이 일로 인해서 아합은 "개들이 나봇의 피를 핥은 곳에서 네 몸의 피도 핥으리라"라는 저주를 받게 된다. 불경스러운 상상이지만 차라리 이세벨이 나봇과 더불어 하나님도 같이 돌로 쳐서 죽일 수 있었으면 좋았을 것이다. 성경은 "예로부터 아합과 같이 그 자신을 팔아 여호와 보시기에 악을 행한 자가 없음은 그를 그의 아내 이세벨이 충동하였음이라"라고 말한다.

원인 없는 결과는 없다. 아합이 이처럼 하나님 보시기에 악한 행적을 남긴 데에는 그만한 이유가 있게 마련인데, 성경은 이세벨 때문이라고 한다. 엣바알의 딸 이세벨을 아내로 맞더니 결국 그렇게 되었다는 것이다. 속된 말로 장가를 잘못 가서 그렇다는 것이다.

하지만 '그 자신을 팔아'라는 표현이 있는 것을 보면 전적으로 그런 때문도 아니다. 아합이 아무리 마누라 잘못 만나서 인생을 망쳤다고 해도 거기에 넘어간 것은 자기 책임이다.

선악과 사건에서 같은 내용을 볼 수 있다. 뱀이 억지로 아담, 하와의 손목을 비틀고 입을 벌리게 해서 선악과를 쑤셔 넣은 것이 아니다. 자기들이 결정해서 먹었다. 책임도 직접 지는 것이 마땅하다.

이처럼 하나님 눈 밖에 난 아합이 아람과의 전쟁에서 최후를 맞게 된다. 아합이 이스라엘 왕이 될 당시 유다 왕은 아사였다. 아사를 이은 왕이 여호사밧인데, 여호사밧과 아합이 사돈을 맺었다. 여호사밧의 아들 여호람과 아합의 딸 아달랴가 혼인을 한 것이다. 솔로몬이 죽은 후 계속 되던 남북 왕국의 분쟁도 종식되었다.

여호사밧이 아합을 방문했을 때의 일이다. 아합이 아람 정벌을 권했다. 여호사밧이 먼저 하나님의 뜻을 물어보자고 하자, 아합이 선지자 400명을 불러서 전쟁을 해도 좋은지를 묻는다. 선지자들은 한 목소리로 전쟁에 나가기만 하면 하나님께서 승리를 주실 것이라고 답한다.

아합은 바알과 아세라에 깊이 매료되어 하나님께 등을 돌린 사람이다. 그의 아내 이세벨은 여호와의 선지자들을 잡아 죽이지 못해 안달이 난 사람이다. 그런데 웬 선지자가 400명이나 있을까?

이들은 모두 어용 선지자들이다. 아합한테 하나님의 말씀을 전하는 사람들이 아니다. 아합이 하고자 하는 일에 하나님의 이름으로 결재 도장을 찍어주는 사람들이다. 희대의 악한이었던 아합도 하나님의 이름을 등에 업고 싶어 했다. 하나님께서 인정하시는 일을 할 마음은 없으면서 자기가 하는 일을 하나님께서 인정해 주기를 바랐다.

괜히 아합한테 손가락질 할 이유가 없다. 많은 사람들의 신앙 현실이 이렇다. 하나님 뜻에 맞게 사는 일에는 관심 없으면서 자기가 하는 일을 하나님이 잘 되게 해주기를 바란다.

유독 미가야 선지자만 다른 얘기를 했다. 이번 전쟁은 아합을 죽이기 위한 전쟁이라면서 전쟁을 하면 진다는 것이다. 아합은 미가야가 유리한 얘기는 하지 않고 항상 불리한 얘기만 한다고 하여 애초부터 미가야를 부르기 싫어했지만 여호사밧의 권유로 불렀던 것인데, 아니나 다를까 불길한 얘기를 들었다. 이제 아합이 노를 발할 차례다.

어떤 집 딸이 "엄마는 대체 왜 그래? 왜 내가 하는 일마다 항상 잔소리야?" 하고 말대꾸를 하는 경우를 상상해 보자. 딸이 그런 말을 하기 전에 어떤 일이 있었을까? 딸한테 공연한 스트레스를 주려고 억지로 잔소리를 하는 엄마는 없다. 딸의 언행에 어딘가 문제가 있기 때문에 안타까워서 하는 얘기다. 하지만 철없는 딸은 모른다. 자기가 하고 싶은 일은 한사코 못하게 막으면서 하기 싫은 일만 하라고 하는 엄마가 미울 뿐이다.

아합이 그런 격이다. 전쟁을 일으키려는 자기가 틀린 줄은 모르고 입만 열면 악담을 하는 미가야한테 문제가 있다고 생각했다. 결국 미가야는 옥에 갇히는 신세가 된다. 예나 지금이나 말씀 앞에 바로 선 자가 핍박을 받는 것은 늘 있는 일이다. 미가야도 자기가 그렇게 될 줄 알았을 것이다.

중국 노나라에 전획이라는 사람이 있었다. 그의 식읍이 류하이고 시호가 혜여서 류하혜로 알려져 있다. 그는 사법관으로 있으면서 세 번이나 파직을 당했다. 주변에서 수군거렸다. "당신은 아직도 이 나라를 떠나지 않으시오?" 세 번이나 파직을 당했으면 출셋길이 막힌 게 뻔하니 다른 나라에 가서라도 입신양명을 노려야 하지 않겠느냐는 것이었다. 류하혜가 대답했다. "국가의 원칙을 굳게 지키면서 상관을 모시면 어디에 간들 세 차례 정도는 쫓겨나지 않겠소?"

세상을 바로 사는 사람도 이 정도는 안다. 하물며 신앙에 바로 선 사람이라면 말할 것도 없다. 우리한테 혹시 핍박이 없다면 하나님의 은혜가 아니라 세상과 타협하기 때문일 수도 있다.

전쟁이 시작되었다. 아합은 왕복을 벗고 슬그머니 군사들 속으로 숨었다. 미가야 앞에서는 살기가 등등했지만 속으로는 예언 내용이 걸렸던 것이다. 하지만 그것뿐이었다. 궁극적인 태도를 바꾸지는 않았다. 아합이 자기 생명을 위해서 해야 할 일이 있다면 전쟁을 포기하는 일이지, 왕의 신분을 숨기는 일이 아니었다.

아합은 나름대로 머리를 썼다. 하지만 그것으로 하나님의 손길을 피할 수는 없는 노릇이다. 아람 군사가 쏜 화살이 아합의 갑옷 솔기를 맞혔다. 갑옷 솔기는 몸을 보호하기 위해서 갑옷에 부착된 금속의 이음새 부분을 말한다. 화살이 조금만 옆에 맞았어도 치명상은 면했을 텐데 공교롭게도 거기를 맞혔다. 일부러 겨냥해서 쏘아도 맞히기 힘든 부분에 겨냥하지도 않은 화살이 날아와 꽂혔다.

사람들은 이런 경우에 '우연'이라는 표현을 쓴다. 심지어 진화론자들은 생명의 탄생이라는 신의 영역조차도 우연이라는 단어로 설명하려고 한다. 인쇄소에 폭발 사고가 일어나서 활자들이 여기저기에 흩어지면 우연히 글자 모양이 만들어질 수 있을 것이다. 더 기가 막힌 우연이 발생하면 뜻이 있는 단어가 만들어질 수도 있고, 더욱더 기가 막힌 우연이 발생하면 문장이 만들어질 수도 있다. 하지만 생명이 우연히 탄생하는 것은 폭발 사고가 난 인쇄소의 활자들이 백과사전을 이룰 확률과 유사하다고 한다.

하나님께는 우연이 없다. 우리한테는 우연이라는 단어가 아니면 설명할 수 없는 상황이 수두룩하지만 모든 것을 모든 것 가운데서 역사하시는 하나님께는 모든 것이 필연이다.

아합이 죽고 그것으로 전쟁이 끝났다. 사람들은 각기 자기 성읍과 자기 본향으로 돌아갔다. 그러면 아합이 갈 곳은 어디일까? 아합의 시신은 사마리아에 장사하고 그가 탔던 병거는 사마리아 못에서 씻었는데, 개들이 그 피를 핥았다. "아합에게 속한 자로서 성읍에서 죽은 자는 개들이 먹고 들에서 죽은 자는 공중의 새가 먹으리라"고 한 예언이 문자 그대로 성취되었다.

세상에서는 뒷골목 깡패가 앙심을 품고 두고 보자는 얘기만 해도 소름이 돋는다. 하물며 우리 하나님이겠는가? 우리는 하나님을 두려워할 줄 알아야 한다. 하나님은 정녕 두려우신 분이다.

아합은 탁월한 정치적 수완을 가진 왕이었다. 두로 왕의 딸과 결혼해서 아람을 견제하는 한편 모압을 제압했다. 상아로 궁궐을 건축할 정도로 나라 살림이 융성했고 대규모 건축 공사도 많이 일으켰다. 그가 다스리는 이스라엘은 밖으로는 힘이 있었고 안으로는 탄탄했다.

이런 아합의 치세에 대해서 성경은 별로 얘기가 없다. 세상의 관심과 하나님의 관심이 다르기 때문이다. 성경은 아합이 하나님과 어떤 관계를 유지했는지는 상세하게 기록한 반면 정치적인 업적에는 관심을 보이지 않는다. 당시 이스라엘 사람들은 아합의 치적을 기렸겠지만 하나님은 전혀 다른 방향으로 아합을 채점하신다.

이런 맥락에서 세상에서 흔히 '복 받았다'고 하는 표현은 조심해야 한다. 사람들의 관심은 늘 세속적이기 때문에 세속적인 기준으로만 복을 얘기한다. 하지만 하나님의 관심은 다른 곳에 있다. 아합도 당시 이스라엘 백성들에게는 상당히 존경스러운 왕이었을 것이다. 주변의 모든 나라가 아합을 부러워했을 것이다. 하지만 지금도 아합을 부러워하는 사람은 아무도 없다.

이스라엘 왕 **아하시야**   ✡

아합을 이어 아하시야가 이스라엘 왕이 된다. 그즈음에 그때까지 이스라엘을 섬기던 모압이 반기를 들었다. 아합이 있을 적에는 꼼짝 못하더니 아합이 죽자, 배반한 것이다. 하지만 달리 생각하면 이스라엘이 하나님을 배반한 자연스러운 결과일 수 있다. 아하시야는 모압을 괘씸하게 여길 것이 아니라 모압의 소행을 통해서 하나님과의 관계를 점검해야 했다.

아하시야한테 닥친 문제는 그것만이 아니었다. 왕궁에 있는 다락 난간에서 떨어져 병이 들기도 했다. 철부지 어린아이라면 난간 위에 올라가서 장난을 치다가 떨어지는 수가 있지만 한 나라의 국왕이 그런 장난을 칠 리는 없다. 난간이 무너진 것일 텐데 그 얘기도 어색하다. '전설 따라 삼천리'에 나오는 흉가는 바람이 불 때마다 삐걱거리기도 하고, 불법 증축을 하거나 부실시공을 한 건물이라면 무너지기도 하겠지만 명색이 왕궁 다락이 무너진다는 것은 어딘가 석연치 않다. 이는 분명히 아하시야의 인생에 개입하려는 누군가의 손길이다.

그런데 아하시야는 엉뚱한 반응을 보였다. 에그론의 신 바알세붑에게 자기의 병을 물으러 사람을 보낸 것이다. 바알세붑은 '파리의 왕'이라는 뜻이다. 파리 모양을 하여 질병을 관장한다고 알려진 잡신이다.

하나님께서 엘리야를 보내어 아하시야의 행로를 막으셨다. 사람은 불완전한 존재다. 한 세상을 살면서 잘못을 전혀 범하지 않을 수는 없다. 잘못을 범하는 것 자체는 우리 책임이 아니라고 할 수도 있다. 하지만 잘못을 지적 받았을 때 어떤 반응을 보이느냐 하는 것은 전적으로 우리 책임이다.

그런 점에서 아하시야는 완전히 낙제 점수였다. 당장 엘리야를 잡아오라고 군사를 보낸 것이다. 운전을 하다 보면 연료가 부족하다는 경고등이 켜질 수 있다. 그러면 가까운 주유소에 들러 연료를 넣어야 한다. 갈 길 바쁜데 귀찮게 한다고 경고등을 깨뜨리는 사람은 없다.

아하시야가 그런 격이다. 엘리야가 바알세붑에게 가는 길을 가로막자, 엘리야를 없애려고 했다. 엘리야가 자기를 막는 이유가 자기한테 있는 줄은 모르고 자기의 길을 방해하는 엘리야만 제거하면 되는 줄 알았다.

하나님은 엘리야를 통해서 재차 기회를 주셨지만 아하시야는 여전히 하나님을 멸시했다. 아마 바알세붑에게 가는 사자한테는 예물을 들려서 보냈을 것이다. 그러면서 하나님의 말씀을 전하는 선지자에게는 칼과 창으로 무장한 군사를 보냈다.

엘리야가 그런 아하시야한테 죽음을 선포했다. 아하시야는 자기 병이 낫겠는지 여부를 알아보기 위해서 바알세붑한테 사람을 보냈는데, 엘리야가 대신 대답한 것이다. 아닌 게 아니라 아하시야는 엘리야의 얘기처럼 죽고 말았다. 왕이 된 지 2년 만의 일이다. 그 2년이라는 재위 기간을 통해서 성경에 기록된 행적은 병 때문에 바알세붑한테 사자를 보낸 것이 고작이다. 그것이 아하시야의 수준이었다.

〈타임지〉의 창간자인 헨리 루스의 아내 클레어 부츠 루스는 미 하원의원과 이탈리아 대사를 지내기도 했다. 그가 "모든 인간은 단 한 줄로 요약된다."라고 했다. 가룟 유다는 예수님을 배반한 제자이고, 노아는 방주를 만든 사람, 모세는 출애굽의 영웅, 솔로몬은 지혜의 왕, 요나는 물고기 뱃속에 들어갔다 나온 사람이다. 어떤 사람의 인생이든지 단 한 줄이면 충분히 설명이 가능하다. 그러면 아하시야는 자기의 병을 바알세붑한테 물은 사람이다. 그는 그 한 줄로 설명되는 인생을 살았다.

아사에 이어 유다 왕이 된 여호사밧은 히스기야, 요시야와 더불어 유다의 3대 성군으로 꼽힌다. 그가 가장 먼저 힘쓴 일은 나라를 하나님 앞에 바로 세우는 일이었다. 아사가 집권 초기에 종교를 개혁해서 나라를 든든히 세웠던 것처럼 여호사밧도 그렇게 했다.

북 왕국 이스라엘에는 하나님 보시기에 선한 왕이 한 번도 나온 적이 없다. 하지만 유다에는 하나님 보시기에 선한 왕이 더러 나왔다. 그때마다 산당을 제거하는 작업이 수반되었다. 아사도 집권 초기에 두 차례에 걸친 종교 개혁으로 산당과 아세라 상을 훼파했는데, 이런 일은 히스기야 때도 있었고 요시야 때도 있었다. 하지만 유다 땅에서 우상이 완전히 철폐된 적은 단 한 번도 없다.

우리가 변화된 몸을 입기 전에는 육신의 정욕에서 완전히 자유롭게 될 수 없다. 그렇다고 해서 우리 안에 있는 육신의 정욕을 방임할 수도 없다. 우리는 할 수 있는 대로 육신의 정욕을 내몰아야 한다. 비록 그 싸움이 이 세상에서 끝나지 않는다는 사실은 알고 있지만 그렇다고 해서 그 싸움을 그만둘 수는 없다.

여호사밧이 그다음에 착수한 일은 유다 백성들을 가르치는 일이었다. 그 일을 위해서 방백과 레위인, 제사장을 전국에 파송했다. 하나님의 백성이 사는 땅에 우상이 있는 것은 말이 되지 않는다. 유다 땅에 있는 우상들은 당연히 부숴야 한다. 하지만 백성은 그대로인 채 우상만 부수는 것은 의미가 없다. 우상을 부쉈으면 그다음에는 백성을 교육시켜서 우상을 거들떠보지 않는 수준으로 만들어야 한다. 바로 그 일에 착수했다.

하지만 이런 여호사밧도 완전한 사람은 아니었다. 여호사밧은 아합과 사돈을 맺었다. 여호사밧의 아들 여호람과 아합의 딸 아달랴가 혼인을 한 것이다. 여호사밧은 아합만이 아니라 아하시야, 여호람과도 화친했다.

여호사밧이 북 왕국과 동맹을 맺은 것이 잘못일 수는 없다. 북 왕국이 비록 우상을 섬긴다고는 하지만 그들 역시 하나님께로 돌아와야 할 아브라함의 후손이다. 하지만 아합과 연혼한 것은 유감스럽다. 뒤에 나오는 내용이지만 이 일로 인해서 다윗의 혈통이 어느 만한 위험에 처하게 되는지 당시 여호사밧은 상상도 못했을 것이다.

아합이 아람과 전쟁을 일으키면서 여호사밧한테 동참을 권했다. 그리고 그 전쟁에서 아합이 죽는다. 아합이 전쟁에서 패했다는 얘기는 여호사밧도 패했다는 뜻이다. 선견자 예후가 패해서 돌아오는 여호사밧을 책망한다. 하나님께서 미워하는 자를 사랑하는 것이 가하냐는 이유였다. 예후는 아사를 책망했던 하나니의 아들이다.

그때 아사는 회개한 게 아니라 도리어 하나니를 옥에 가뒀다. 하지만 여호사밧은 그 책망을 통해서 하나님 쪽으로 한 걸음 더 다가섰다.

예후가 무작정 여호사밧을 몰아세우지는 않았다. 아합과 연혼한 것은 책망하면서도 우상을 철폐한 일은 칭찬했다. 그 일을 놓고 '마음을 기울여 하나님을 찾았다'고 인정했다. 그러면 한 가지 이상한 점이 있다. 마음을 기울여 하나님을 찾는 사람이 왜 아합과 연혼한단 말인가?

그 이유는 천생 미루어 짐작할 수밖에 없다. 여호사밧은 북 왕국과 동맹하는 문제에 유난히 집착했다. 아합이 죽은 다음에는 아하시야와 우호관계를 맺었고 아하시야가 죽은 다음에는 여호람과 우호관계를 맺었다.

어쩌면 여호사밧은 단일 왕조를 꿈꿨는지 모른다. 단일 왕조를 이루려는 욕심에 사로잡혀서 그만 아합과 사돈을 맺는 무리수를 둔 것 같기도 하다. 어디까지나 당시 상황을 배경으로 하는 추측이다.

전쟁에 패해서 예루살렘에 돌아온 여호사밧의 당면 과제는 패전의 후유증을 치유하는 일이었다. 당시 유다는 수많은 사상자가 발생해서 민심이 흉흉했을 것이고, 생산 활동에 차질이 생겨 경제적으로도 어려웠을 것이다.

문제가 복잡할수록 기본에 충실해야 한다. 여호사밧이 그렇게 했다. 전쟁에 져서 엉망이 된 나라를 일으키기 위해서 다른 방법을 쓴 것이 아니라 백성들을 하나님께로 돌아오게 했다. 또 유다 온 성에 재판관을 세웠다. 사법 질서를 바로 잡았다는 얘기가 아니다. 백성들이 살아가는 삶의 현장에 하나님을 기준으로 하는 가치 질서를 확립했다는 뜻이다. 요컨대 여호사밧은 패전으로 어수선해진 정국을 수습하면서 하나님 앞에 바로 서는 것을 일차 목표로 삼았다. 찬송가 456장 가사 그대로다.

거친 세상에서 실패하거든 그 손 못 자국 만져라
고된 일 하다가 힘을 얻으리 그 손 못 자국 만져라
그 손 못 자국 만져라 그 손 못 자국 만져라
주가 널 지키며 인도하시리 그 손 못 자국 만져라

세상을 사는 동안에 실패를 맛보았으면 가장 먼저 서둘러야 할 일은 주님 앞에 바로 서는 일이다. 여호사밧은 그 일을 훌륭하게 수행했다.

여호사밧이 나라를 추스르자 모압과 암몬, 마온 연합군이 공격해왔다. 이런 내용은 일견 어울리지 않는 것 같다. 선지자한테 책망을 받아서 나라를 하나님 앞에 바로 정비했으면 그다음에는 모든 것이 정상으로 돌아가서 평화와 번영을 누려야 하는 것 아닌가? 그런데 엉뚱하게도 이방 민족의 침공으로 나라가 풍전등화의 위기에 몰린다.

모압, 암몬, 마온이 연합해서 쳐들어온다는 말을 듣고 여호사밧은 마주 싸울 엄두를 내지 못한 채 하나님께 간구했다. 그러자 하나님께서는 야하시엘을 통해서 말씀하셨다. 이 전쟁은 하나님께 속한 문제이기 때문에 신경 쓰지 않아도 된다는 것이다.

이런 내용은 특히 오해하기 쉽다. 아무것도 안하고 가만히 있으면 하나님께서 알아서 해주시는 것을 마치 상당한 신앙 경지인 양 얘기하는 것을 한두 번 들은 것이 아니다. "왜 네가 나서서 하려고 하느냐? 하나님께 맡겨라."라는 얘기를 초신자들이 하지 않고 신앙 연륜이 있는 사람들이 한다.

선생님이 학생에게 공부를 가르치는 것보다 직접 시험 보는 것이 훨씬 쉽다. 하지만 그렇게 하는 선생님은 없다. 누가 시험을 보든지 무조건 정답만 많이 맞히면 되는 것이 아니라 학생의 실력을 길러야 하기 때문이다.

하나님도 우리를 그렇게 하신다. 하나님은 우리가 신의 성품에 참여하기를 원하신다. 우리가 그리스도의 장성한 분량에 이르도록 자라기를 원하신다. 가만히 있으면 하나님께서 알아서 해주시는 것이 아니라 우리가 신자답게 살아야 한다. 그런데 아무것도 안하고 가만히 있는 채 하나님을 바라보는 것이 신앙이 좋은 것인 양 착각하는 예가 종종 있다.

우리가 얻은 구원을 신학적인 용어로 칭의, 성화, 영화로 설명한다. 칭의는 의롭게 되는 것이다. 죄의 종이었다가 하나님의 자녀로 신분이 바뀌는 것이다. 성화는 거룩하게 되는 것이다. 신분만 하나님의 자녀가 되면 안 된다. 수준도 하나님의 자녀가 되어야 한다. 쉽게 얘기하면 칭의는 예수를 믿는 것이고 성화는 예수를 더 잘 믿는 것이다. 또 영화는 영광스럽게 되는 것을 말한다. 지금의 육신 장막을 벗고 영광스러운 몸을 입는 것이다. 우리 구원이 완성되는 것이다.

칭의는 전적으로 하나님의 은혜다. 칭의 단계에서 우리가 할 일은 없다. 이런 사실을 놓고 구원은 은혜로 얻는다고 말한다. 하지만 구원 얻은 신분으로 살아가는 문제는 하나님께서 알아서 해주시지 않는다. 선생님이 아무리 실력이 있어도 공부는 학생이 해야 하는 것처럼 거룩은 우리가 몸에 익혀야 한다.

간혹 칭의와 성화를 혼동해서 구원은 자기가 예수를 믿어서 얻었고, 신앙생활은 열심히 기도하면 하나님께서 해주시는 것으로 알고 있는 경우가 있는데 그런 법은 없다. 구원은 하나님께서 은혜로 주셨고 신앙생활은 우리가 해야 한다. 성경에 믿음의 선한 싸움을 싸우라는 얘기가 괜히 있는 것이 아니다. 하나님은 우리한테 믿음의 선한 싸움을 싸울 힘을 주시지, 그 싸움을 대신 싸워주시지는 않는다.

유다에 전쟁이 있는 이유는 두 가지로 생각할 수 있다. 징계를 위한 전쟁과 연단을 위한 전쟁이다. 예컨대 르호보암이 하나님을 떠났을 때 애굽 왕 시삭의 침공을 받은 것은 징계를 위한 전쟁이다. 하지만 아사가 종교 개혁을 단행한 후 구스 왕 세라가 침공한 것은 연단을 위한 전쟁이다.

여호사밧이 모압, 암몬, 마온의 침공을 받은 것은 성격이 조금 이상하다. 징계나 연단을 위한 전쟁이 아니라 허락된 구원을 재확인하는 전쟁이기 때문이다. 이런 전쟁이 왜 필요할까?

이때 여호사밧이 이끄는 군대는 전쟁에 임하는 모습이 아니었다. 찬양대가 선봉에 서서 하나님을 찬양한 것이 전부였다. 그런데 이방 족속들은 자중지란을 일으켜서 서로가 서로를 죽이며 자멸했다. 유다 군사들의 전투력과 전혀 무관하게 전쟁이 끝나고 말았다. 신자답게 살아가는 문제를 보여주는 전쟁이 아니라 신자의 신분을 확인하는 전쟁이기 때문이다.

복음서에 예수님을 통해서 병 고침을 받은 사람들 얘기가 나온다. 그 모든 경우마다 '믿음이 있어서 그렇다'라고 하는 얘기를 들었는데 어딘가 이상하다. 열두 해 혈루증을 앓던 여인이 치유를 받은 것도 믿음이 있었기 때문이고, 수로보니게 여인의 딸이 나은 것도 믿음이 있었기 때문이고, 중풍병자가 나은 것도 믿음이 있었기 때문이라면 성경에 그처럼 다양한 사례가 기록될 이유가 없다. 그 모든 경우마다 우리에게 주는 교훈이 달라야 한다.

전쟁을 앞두고 여호사밧이 기도한 것을 놓고 "봐라! 기도하면 된다."라고 하는 것도 그렇다. 여호사밧도 기도해서 응답받았고 히스기야도 기도해서 응답받았다고 하면, 둘 사이에 어떤 차이가 있는가? 단지 '기도'를 강조하기 위한 것이라면 성경이 지면을 낭비하는 셈이다.

앞에서 여호사밧은 아합과 연합해서 아람과 전쟁을 일으켰다. 그 전쟁에서 아합이 죽었다. 그러면 여호사밧은 어떻게 되는 것일까? 여호사밧은 전쟁에 패한 유다를 다시 하나님의 나라로 회복하기 위한 노력을 기울였다. 그러고는 모압, 암몬, 마온의 침공을 받는다. 결국 이 전쟁은 여호사밧의 지위를 확인시켜 주는 전쟁이다. 아합은 하나님께서 외면하셨지만 여호사밧은 그렇지 않다는 것이다. 하나님께서는 하나님의 백성을 버리시는 예가 없다. 우리가 바로 그런 은혜를 입고 있는 사람들이다. 여호사밧의 기도는 그 사실을 확인하기 위한 기도였다.

흔히 하나님의 백성은 하나님이 책임지신다고 한다. 하지만 유념해야 할 사실이 있다. 모든 신앙 명제는 하나님의 영광을 위한 것이어야 한다. 인간의 게으름을 합리화하기 위한 것이 아니다.

온갖 어려움과 갖은 고초 속에서도 끝까지 신앙을 지킨 사람이 자신의 지난날을 뒤돌아보면서 "하나님께서 지켜주셨습니다. 하나님의 백성은 하나님께서 책임지는 법 아닙니까? 저는 그 사실을 믿었습니다."라고 고백하는 것은 참으로 아름답다. 그런데 사소한 어려움으로 지레 신앙을 포기한 사람이 "하나님의 백성은 하나님께서 지켜주시겠죠."라고 하면 뭐라고 해야 할까? 자기가 포기한 신앙을 하나님께서 챙겨주셔야 하는 법이 정말 있을까?

실제로 그런 말을 한두 번 들은 것이 아니다. 부교역자 시절의 일이다. 어떤 가정에 심방을 갔다. 언제부터인지 교회에서 통 안 보이는 고1 아들이 있는 집이었다. 예배를 마치고 다과를 나누면서 아들 얘기를 꺼냈더니 태연하게 답했다. "전 걱정 안 해요. 하나님의 백성은 하나님이 책임지시잖아요."

하나님께서 왜 책임지셔야 할까? 하나님께서 책임지시려면 하나님의 백성이어야 할 텐데, 하나님의 백성 된 증거가 무엇인가? 우리 중에 "나는 하나님의 백성입니다. 내 인생은 하나님께서 책임지셔야 합니다."라고 말할 수 있는 사람은 아무도 없다. 오히려 하나님께서 책임지는 인생을 살고 있음을 직접 증명해보여야 한다. 자기한테 주어진 인생을 성실히 산 다음에 "모든 것이 하나님 은혜입니다. 하나님께서 저를 이 자리까지 인도하셨습니다. 과연 하나님께서는 하나님의 백성을 끝까지 책임지셨습니다."라고 해야 한다. 결국 우리가 해야 할 일은 매순간 순간마다 자기가 하나님의 백임을 증명해 보이는 일이다. 여호사밧이 그렇게 했다.

이스라엘 왕 **여호람(요람)** ✡

아하시야가 왕위에 오른 지 2년 만에 아들 없이 죽자, 그를 대신해서 동생 여호람이 왕이 된다. 여호사밧을 이은 유다 왕 여호람과 구별하기 위해서 요람이라고도 한다.

성경은 여호람을 "그가 여호와 보시기에 악을 행하였으나 그의 부모와 같이 하지는 아니하였다"라고 말한다. 하나님 보시기에는 악한 왕이었지만 아합이나 이세벨보다는 나은 편이었다는 얘기다.

관점에 따라서는 '그만하기를 다행이라'고 할 수도 있다. 실제로 사람들은 모든 것을 상대적으로 따지기를 좋아한다. 그런데 이상한 것이 있다. 세상에서는 자기를 분발시키는 쪽으로 비교를 한다. 28평 아파트에 사는 사람은 35평 아파트에 사는 사람을 부러워하고, 35평 아파트에 사는 사람은 42평 아파트에 사는 사람을 부러워한다. 그런데 교회에서는 그렇게 하지 않는다. 자기의 게으름을 합리화하는 쪽으로 비교를 한다. 자기 신세가 비록 여호람과 같지만 아합 정도는 아니니 이만하면 할 만큼 했다는 격이다. 공부하란 말만 나오면 자기보다 성적 나쁜 친구들 명단을 말하는 아이와 같다.

아합이 죽은 후에 모압이 이스라엘을 배반했다는 얘기가 앞에서 나왔다. 이스라엘이 하나님을 배반한 것에 대한 당연한 귀결이다. 하지만 아하시야는 그런 생각을 못했다. 왕궁 난간에서 떨어진 다음에 자기가 나을지 여부를 알기 위해서 바알세붑에게 사람을 보내는 수준으로는 그럴 수밖에 없다.

아하시야를 이은 여호람 역시 하나님 음성을 듣지 못하기는 매일반이었다. 자기들이 하나님을 배반했기 때문에 모압이 자기들을 배반한 줄은 모르고 유다와 에돔과 연합해서 모압을 정벌할 계획을 세웠다. 여호사밧은 아합하고만 화친한 게 아니라 아하시야와도 화친했고 아하시야를 이은 여호람과도 화친했다. 그리고 당시 에돔은 유다의 속국이었다.

중간에 문제가 생긴다. 모압 정벌에 나선 지 7일 만에 물이 떨어진 것이다. 광야에서 물이 없는 것은 치명적이다. 물도 제대로 준비하지 않고 무슨 전쟁을 한다는 것인지 의아할 수 있지만 설마 그토록 무모한 일을 벌였을 리는 없다. 아마 중간에 물을 공급받을 수 있을 줄 알았던 장소에서 물을 공급받지 못했을 것이다. 물이 있을 줄 알았던 오아시스가 말랐다든지 혹은 다른 돌발변수가 생겼을 것이다.

우리가 사는 세상은 언제나 이렇다. 늘 우리를 속이고 배신한다. 아니, 더 정확히 말하면 우리를 속이고 배신하는 것이 아니라 우리가 기대한 대로 움직이지 않는다. 세상은 본래 믿을 수 있는 대상이 아니다.

그런 상황에서 여호람이 하나님을 원망한다. 하나님께서 자기들을 모압 손에 죽게 하려 한다는 것이다. 여호람이 언제 하나님 말씀에 순종해서 전쟁을 일으켰는가? 전쟁은 자기가 일으켜 놓고 하나님을 원망하는 모습이 그리 좋아 보이지 않는다. 그런데 왠지 낯익다. 세상을 살아가기는 자기 마음대로 살면서 자기 의도대로 일이 풀리지 않으면 하나님을 원망하는 사람이 지금도 있다.

어쨌든 일이 이렇게 되자 여호사밧이 하나님의 선지자를 수소문했고, 그에 따라 세 나라 왕이 엘리사를 찾아가게 된다. 그때 엘리사는 여호람에게 바알 선지자나 아세라 선지자한테 가지, 왜 자기한테 왔느냐고 타박한다. 평소에는 바알과 아세라를 섬기다가 곤경에 처하게 되자, 하나님을 찾아왔으니 그런 얘기를 들을 만하다. 그러면서도 여호사밧을 생각해서 하나님의 뜻을 알려준다.

신앙이 본래 그렇다. 어떤 사람한테 좋은 신앙이 있으면 주변 사람들이 덕을 볼 수 있어야 한다. 신앙이 좋다는 이유로 자기 혼자 잘난 것은 무효다.

이때 엘리사는 골짜기에 개천을 파면 물이 생길 것이라고 했다. 선뜻 납득이 되지 않을 수 있다. 골짜기에 개천을 파면 물이 나올 것은 당연한 이치

이기 때문이다. 뻔한 얘기를 왜 하는가 싶지만 이런 얘기는 우리나라에서나 통한다. 팔레스타인 지방은 그렇지 않다. 그곳은 빗물이 땅속으로 침투해서 지하수를 이루는 것이 아니라 비가 올 때는 내를 이루어 흐르다가 비가 그치면 말라버리기 때문이다. 학교 다닐 적에 '와디'라고 배웠다. 그런 곳에 개천을 파라는 것이다. 지하수가 생성되지 않으니 땅을 파봐야 물이 나올 리가 없다. 그런데 하나님 말씀이 그렇다.

이렇게 해서 유다, 이스라엘, 에돔 연합군이 물을 얻었다. 모압에서는 이 일을 오해한다. 해가 물에 비쳐 붉은 빛을 띠는 것을 보고는 온 산이 피로 물들 만큼 자중지난을 일으킨 줄로 알았다. 신비로운 방법으로 물이 생긴 것을 모르니 오해할 만도 하다. 어차피 에돔은 억지로 끌려왔고, 유다와 이스라엘도 물을 얻기 위해서 서로 싸울 수 있기 때문이다.

모압은 싸우지도 않고 이긴 줄 알고 노획물을 얻으러 갔다가 엄청난 패배를 당하고 만다. 세 나라 연합군 중에서 에돔 쪽이 가장 취약한 줄 알고 그리로 구명도생하려고 했지만 그것도 여의치 않았다. 다급해진 모압 왕이 자기네가 섬기는 신 그모스한테 아들을 번제로 드렸다. 자식을 불태우는 것은 신에 대한 최고의 경의 표현이었다. 신을 향한 헌신으로만 얘기하면 이보다 더한 헌신이 어디 있을까?

차기 왕권을 이을 '태자마마'가 제물이 되는 극한 상황을 목격한 모압 백성들은 죽을힘을 냈을 것이다. 결국 포위망이 풀렸다.

이것이 이방 잡신이 하나님과 극명하게 다른 점이다. 도무지 도덕적이거나 인격적이지 않다. 하나님께서는 우리를 위해서 그 아들을 내주셨는데 이런 하나님의 사랑을 교묘하게 왜곡시킨 것이 이방 잡신을 섬기는 그들 나름대로의 방법이다. 그리스도의 십자가와 비슷한 것 같으면서도 실상은 죄로 오염된 이단의 전형을 보는 것 같다.

각설하고 여호람은 돈을 주고도 살 수 없는 값진 체험을 했다. 이런 체험을 통해서 하나님께로 돌아왔으면 얼마나 좋았겠는가만 그렇지 못했다.

그 일이 있고 나서 얼마나 시간이 지났는지는 모른다. 아람의 벤하닷이 이스라엘을 침공했다. 아람 군대에 포위 된 사마리아 주민은 모두가 굶주림에 시달려서 나귀 머리 하나에 은 80세겔을 하고, 비둘기똥 1/4갑에 은 5세겔을 할 정도였다.

율법에 의하면 나귀는 부정한 짐승으로 분류되어 먹을 수 없다. 비단 부정한 짐승이 아니어도 머리에는 먹을 수 있는 부분이 별로 없다. 우리나라의 소머리 국밥처럼 나귀 머리로 국밥을 만들 수 있는 것도 아니다. 그런데도 은 80세겔이나 했다. 1세겔은 노동자의 나흘 치 임금에 해당한다. 또 비둘기똥은 완두콩의 일종인데 먹을 나위가 없는 극히 조악한 식품이었다. 그런 비둘기똥 1/4갑(약 0.3리터)이 은 5세겔에 거래되었다. 사마리아의 상황이 그만큼 어려웠다.

그런 형편에서 누군가 억울한 사정을 탄원했다. 어떤 여인과 약조하기를 먼저 자기 아들을 잡아먹으면 다음날 그 여인의 아들을 잡아먹기로 했는데, 자기 아들만 잡아먹고는 그 여인이 아들을 숨겨서 내놓지 않는다는 것이었다. 당시 사마리아성은 어미가 자식을 잡아먹는 지경이었다.

하나님께서 일찍이 이렇게 경고하신 바 있다. 이스라엘을 가나안에 인도하시면서 하나님 말씀에 순종하면 짓지 않은 집에 살게 하며 심지 않은 것을 먹는 복을 누리지만, 순종하지 않으면 온갖 재앙으로 징계하겠다고 하셨다. 그때 어미가 자식을 삶아 먹게 된다는 말씀도 하셨다. 그런 경고가 현실로 나타난 것이다.

얘기를 들은 여호람이 비통함을 못 이겨 입고 있던 옷을 찢었는데, 찢어진 옷 틈으로 굵은 베가 보였다. 굵은 베는 회개를 나타내는 복장이다. 겸비하게 하나님의 은혜를 기다린다는 뜻이다. 그런데 대뜸 한다는 얘기는 엘리사에 대한 저주였다. 대체 이런 일이 어떻게 가능할까?

여호람은 아람이 쳐들어오는 것을 보고 일단 하나님께 부르짖었다. 그런데 그가 기대하는 하나님은 알라딘의 마술 램프와 같았던 모양이다. 자기가 바라는 대로 하나님께서 역사하지 않으시자, 금방 낙심했다. 자기가 굵은 베를 입기만 하면 하나님이 총알같이 오셔서 자기를 도와주실 줄 알았는데 그런 일이 일어나지 않은 것이다.

그런 상황에서 백성들로부터 기가 막힌 하소연을 들으니 하나님에 대한 원망이 엘리사에 대한 분노로 바뀌었다. "네가 그토록 하나님만 찾더니 나라꼴이 이게 뭐냐? 네가 믿는 그 하나님 때문이라도 너는 죽어야 하겠다!" 하고 발끈한 것이다.

이것이 세상 사람들이 하나님에 대해서 갖고 있는 태도다. 자기한테 도움이 될까 싶은 마음으로 하나님을 찾다가 자기 기대대로 되지 않으면 금방 하나님을 원망한다. 자기 뜻대로 움직이는 하나님이라면 모를까, 그렇지 않은 하나님은 필요가 없다.

하나님이 그런 여호람이 다스리는 이스라엘에 은총을 베푸셨다. 아람 군대로 하여금 병거 소리와 말 소리와 큰 군대의 소리를 듣게 하셔서 스스로 퇴각하게 만들었다. 어느 만큼 겁에 질려서 퇴각했는지 자기들의 물건을 다 놓아둔 채 몸만 달아났다. 아람의 모든 군수물자가 이스라엘의 소유가 되었다. 나귀 머리 하나에 은 80세겔을 하고 비둘기똥 1/4갑에 은 5세겔을 하던 사마리아성에서 고운 가루 1스아나 보리 2스아에 1세겔을 할 만큼 사태가 호전되었다. 스아는 1/3에바로 약 7.3리터에 해당한다.

여호람은 내세울 것이 없는 사람이다. 그런데 하나님이 은혜는 과분하게 입었다. 모압을 정벌할 때나 아람에게 포위되었을 때만이 아니다. 엘리사가 선지자로 있으면서 아람의 위협에서 구해준 것이 한두 번이 아니다.

그 모든 일을 통해서도 하나님께 돌아오지 않더니 급기야 모반을 일으킨 예후한테 목숨을 잃고 말았다. 살아생전에는 시시때때로 하나님의 은혜를 입었지만 죽는 순간에는 그런 것도 없었다. 예후의 화살이 그의 염통을 꿰뚫었고 그의 시신은 나봇의 밭에 던져졌다. 아합이 나봇의 포도원을 빼앗았을 때 '개들이 나봇의 피를 핥은 곳에서 개들이 네 피도 핥을 것'이라고 한 저주가 다시금 새롭다.

유다 왕 **여호람** ✡

여호사밧이 죽자, 장자인 여호람이 왕이 되었다. 이때 여호사밧은 다른 아들들한테 많은 재물을 주고 유다 각 성읍을 맡겼다. 왕권 분쟁 소지를 미리 차단한 것이다.

하지만 여호람은 왕이 된 것에 만족하지 않았다. 왕위에 오른 다음 가장 먼저 동생들을 죽였다. 왕권을 강화하기 위해서 그렇게 하는 것이 필요했던 모양이다.

여호사밧은 상당히 선한 왕이었다. 그런 선한 왕에게서 어떻게 이런 왕이 나왔는지 의아한데, 성경은 아합의 딸이 아내가 되었기 때문이라고 한다. 여호람은 아합의 딸 아달랴와 혼인했는데 이것이 상당한 올무가 되었다. 여호람의 모든 악행의 근원이 아달랴였다.

사람은 누구나 주변 사람의 영향을 받는다. 자기 주변에 있는 사람이 자기 신앙에 어떤 영향을 미치고 있는지 늘 주의해야 한다. 자기 신앙에 좋지 않은 영향을 미치는 것을 알면서도 그 사람을 청산하지 않으면 나중에는 자기 신앙을 청산하게 된다.

그나마 여호람한테 다행인 것은 그가 다윗의 계보를 잇는 사람이라는 사실이었다. 하나님께서는 장차 다윗의 혈통 가운데서 메시야를 보내기로 작정하셨다. 그런 하나님의 계획이 이루어지려면 여호람은 그의 악행에도 불구하고 생명이 연장되어야 했다. 여호람이 왕위에 오르면서 동생들을 다 죽였기 때문에 다윗의 혈통은 그가 유일했다. 아마 여호람이 자기 삶이 보존되는 이유가 자기한테 있는 것이 아니라 하나님의 섭리에 있는 줄 진작 알았더라면 겸비한 마음으로 하나님을 섬길 수 있었을 것이다.

그러면 우리는 어떻게 된 영문일까? 우리는 우리 삶이 그리스도의 은혜에 있는 줄 알고 있다. 우리의 생명 호흡이 전적으로 하나님께 달려 있다. 입술로는 그렇게 고백하면서 실제 세상을 살아가기는 자기 힘으로 살아가는 것처럼 일희일비하면서 교만하기도 하고 좌절하기도 한다. 어딘가 단단히 잘못된 것 같다.

그렇다고 해서 하나님께서 "성질 같아서는 당장 여호람을 벌하고 싶지만 지금은 다윗의 계보 때문에 별 수 없이 참는다. 여호람한테서 후사가 이어지기만 하면 국물도 없다!" 하고, 앙갚음을 할 기회만 기다리신 것은 아니다. 여호람에게 계속 암시를 주셨다.

가장 먼저 에돔과 립나를 통해서 말씀하셨다. 그때까지 유다의 속국이었던 에돔과 립나가 반란을 일으킨 것이다. 여호람이 하나님 수하를 벗어났더니 그의 수하에 있던 다른 나라들도 그의 수하를 벗어났다. 한 나라가 다른 나라의 속국이 되기도 하고 독립을 얻기도 하는 것은 국제 정세 속에서 늘 있는 일이지만 그 모든 것에도 하나님의 손길이 있다.

유감스럽게도 여호람은 하나님의 뜻을 깨달을 만한 안목이 없었다. 하나님께서는 에돔과 립나가 독립하는 것으로 여호람을 경계하셨지만 여호람은 오히려 유다 여러 산에 산당을 세우는 등 더욱 하나님에게서 멀어졌다.

엘리야 선지자가 그런 여호람을 경고했다. 여호람의 악행으로 유다에 재앙이 닥쳐서 그 백성과 자녀들과 아내들과 재물을 잃는 것은 물론이고 여호람은 창자에 중병이 들어 죽을 것이라고 했다. 에돔과 립나를 통해서 암시를 해도 알아차리지 못하니 직접 말을 할 수밖에 없었다.

이때의 엘리야가 갈멜산에서 바알 선지자들과 싸웠던 그 엘리야와 동일 인물인지는 확실하지 않다. 엘리야는 북 왕국에서 활동한 선지자인 반면 여호람은 남 왕국 왕이다. 동일 인물일 수도 있지만 동명이인일 수도 있다. 어쨌든 하나님께서 경고를 하신 것만은 분명하다.

엘리야의 예언은 그대로 성취되었다. 여호람이 그런 얘기를 듣고도 여전히 완악했다는 뜻이다. 블레셋과 아라비아 사람들이 유다를 침노해서 왕궁의 모든 재물을 빼앗고 그 아들들과 아내들을 해하였다. 여호람이 자기 모든 형제들을 죽였던 것처럼 그의 아들들이 이방 족속한테 죽임을 당했다. 막내아들 여호아하스(아하시야)만 기적적으로 살아남았는데, 이는 다윗의 불씨를 꺼뜨리지 않으려는 하나님의 은총이다.

여호람은 명색이 한 나라의 왕이다. 그런데 다른 나라의 침략으로 아들들과 아내들을 잃었으면 대체 얼마나 무참하게 패했던 말인가? 하나님을 떠난 여호람의 형편이 이와 같았다.

그것이 전부가 아니다. 엘리야의 경고처럼 창자에 고치지 못할 중병이 들어 2년 만에 죽고 말았다. 아내와 아들들이 죽는다는 예언이 성취되는 것을 보았으면 창자에 중병이 들어 죽을 것이라는 메시지에 겁을 먹어서라도 회개할 법한데 그렇지 않았다는 뜻이다. 여호람이 그 정도로 완악했다.

그가 죽었을 때 아무도 그에게 분향하지 않았다. 다윗의 후손이라는 이유로 다윗성에 장사되기는 했지만 그를 위해서 애통하는 사람은 아무도 없었다. 여호람이 하나님을 버렸더니 하나님께서도 여호람을 버리셨다. 여호람의 이런 종말을 보면서 우리는 죄의 삯이 어느 만큼 무서운지를 알아야 한다. 우리가 이 세상을 살면서 어떤 경우에라도 하지 말아야 할 일을 딱 한 가지만 꼽으라면 하나님께서 싫어하시는 일을 하는 것이다. 다른 일은 다 하더라도 그런 일만큼은 절대 하지 말아야 한다.

유다 왕 **아하시야(여호아하스)** ✡

아하시야는 여호람의 막내아들이다. 외적의 침입으로 형들이 전부 죽는 비극의 현장에서 홀로 목숨을 건진 그가 유다 왕이 되었다. 형들은 다 죽고 혼자 살아난 막내가 왕이 되었다는 얘기를 들으면 사람들이 어떤 생각을 할까? 아마 하나님께서 그를 통해서 놀라운 일을 하시지 않겠느냐는 기대를 할 것 같다. 뭔가 특별한 계획이 있으셔서 그를 살린 것 아닐까?

그런데 그렇지 않다. 성경은 "아하시야가 왕이 될 때에 나이가 이십이 세라 예루살렘에서 일 년을 통치하니라 그의 어머니의 이름은 아달랴라 이스라엘 왕 오므리의 손녀이더라 아하시야가 아합의 집 길로 행하여 아합의 집과 같이 여호와 보시기에 악을 행하였으니 그는 아합의 집의 사위가 되었음이러라(왕하 8:26-27)"라고 한다. 아하시야를 소개하면서 나오는 이름이 아달랴, 오므리, 아합이다. 이 세 사람이 배경이라면 아하시야가 어떤 사람인지 충분히 짐작할 수 있다. 여호람이 아합의 딸을 아내로 맞아 하나님 보시기에 악한 행적을 남겼던 것처럼 아하시야는 아합의 딸을 어머니로 두었기 때문에 하나님 보시기에 악한 행적을 남긴다.

무엇보다도 성경은 아하시야를 가리켜서 '아합의 집 길로 행하였다'라고 얘기한다. 이 구절이 '다윗의 집 길로 행하였다'라고 되어 있으면 얼마나 좋았을까만 그게 아니었다. 불행하게도 아하시야는 남 왕국 유다 임금이면서도 아합한테 속한 사람이었다. 그런 사람을 하나님께서 왜 살리셨는지 의아하다.

그리 놀랄 일은 아니다. 지금도 교회 안에 있으면서 세상에 속한 사람도 있고, 믿는 가정 안에 불신자도 있다. 순교자 집안에 배교자도 있다. 그리고 하나님은 그런 사람에게 계속 기회를 주신다.

아하시야는 상당히 특이하게 죽었다. 병으로 죽은 것도 아니고 전쟁에서 죽은 것도 아니고, 그렇다고 해서 모반으로 죽었다고 하기에도 석연치 않다. 남 왕국 유다 왕인데도 북 왕국 이스라엘의 모반에 휩쓸려 죽었다.

아하시야 당시 이스라엘 왕은 여호람(요람)이었다. 여호람이 아람과 싸우다가 부상을 당하자, 아하시야가 찾아갔고 공교롭게도 그때 예후가 모반을 일으켰다.

예후는 하나님께서 아합의 집을 심판하기 위하여 세우신 도구다. 오므리를 시작으로 아합, 아하시야, 여호람으로 이어지던 오므리 왕조가 예후에 의해서 끝난다. 이때 여호람만 죽은 게 아니라 여호람과 함께 있던 아하시야도 죽는다. 아하시야가 하필 예후가 모반을 일으킨 시점에 여호람을 방문했다가 재수가 없어서 죽은 것이 아니다. 하나님께서 아하시야를 벌하기 위해서 그렇게 의도하신 것이다.

아하시야는 다윗의 후손이지만 아합의 집에 속한 사람이었다. 아합 가문을 심판하기 위해서 하나님께서 세우신 예후에게 죽는 것이 당연하다. 아하시야는 여호람과 함께 죽는 것으로 자기가 누구인지를 보인 셈이다.

이스라엘 왕 예후 ✡

북 왕국 이스라엘의 첫 번째 왕이 여로보암이다. 여로보암에 이어 나답이 왕이 되었는데 나답은 바아사에게 왕위를 빼앗긴다. 여로보암 왕조에서 바아사 왕조로 바뀐 것이다. 바아사에 이어 엘라가 왕이 되었는데 시므리가 모반을 일으켜 엘라를 죽였다. 하지만 시므리는 고작해야 일주일간 왕 노릇을 했을 뿐이다. 이때부터 오므리 왕조가 시작된다. 아합, 아하시야, 여호람이 모두 오므리 왕조에 속한다. 이어서 예후 왕조가 등장한다.

예후의 집권 과정에는 한 가지 염두에 두어야 할 사실이 있다. 일찍이 하나님께서 아합과 이세벨의 몰락을 말씀하셨다는 사실이다. 예후를 통해서 그 예언이 성취된다. 요컨대 예후의 쿠데타는 "예후가 어떻게 집권했는가?"가 아니라 "아합 후손이 어떻게 멸절되고 이세벨이 어떻게 저주받았는가?"에 대한 내용이다. 성경이 이스라엘에서 일어난 수두룩한 쿠데타 중에 유독 예후의 쿠데타를 상세하게 다루는 이유가 여기에 있다.

예후가 반역을 도모할 시점에 여호람은 아람과 싸우다 입은 부상을 치료하고 있었다. 마침 아하시야도 여호람을 방문해서 같이 있었다. 우연이 아니다. 악한 자와 동류인 자는 악한 자와 같은 운명을 맞는 것이 자연스럽다.

이때 예후가 여호람을 맞닥뜨린 곳은 나봇의 포도원이 있던 곳이다. 아합이 하나님께 저주의 메시지를 받은 것이 나봇의 포도원 때문이었음을 기억하는 사람이라면 소스라치게 놀랄 일이다. 이렇게 해서 북 왕국 여호람과 남 왕국 아하시야가 같이 죽는다. 여호람이나 아하시야나 둘 다 아합에게 속한 사람이었다.

예후가 그 여세를 몰아 이스르엘로 들이닥치니 이세벨은 눈을 그리고 머리를 꾸미고 있었다. 자신의 최후가 다가왔는데도 동요하지 않고 여유를 부리는 모습이 한 나라의 운명을 틀어쥐었던 여걸다운 면모로 생각될 수도 있지만 그런 얘기가 아니다. 이 세상 풍조가 본래 이렇다. 목숨이 남아 있는 모든 순간을 자신에게 집중해서 살아간다. 자기가 무엇을 위해서 살아야 하는지 끝까지 모른다.

예후가 그 모습을 보고는 "누구든지 내 편이 될 자는 그를 내려 던지라!"고 했다. 두어 내시가 이세벨을 창 밑으로 던졌다. 이것이 이세벨의 종말이었다. 지금까지 자기 심부름꾼이었던 내시들이 예후의 말을 듣고 자기를 들어 던진 것이다. 내시들이 예후의 말을 들은 이유는 간단하다. 지금까지는 이세벨 세상이었지만 이제부터는 예후 세상이라는 것을 알았기 때문이다.

우리에게 같은 모습이 있어야 한다. 이 세상이 영원히 지속된다면 세상 편을 들어야 하고, 언젠가 하나님 나라가 도래한다면 하나님 편을 들어야 한다. 하나님 나라가 도래한다는 것을 알면서도 세상 눈치를 살피는 것은 예후의 시대가 시작되는 것을 알면서도 이세벨을 편드는 것만큼 어리석은 일이다.

이때 예후의 말발굽에 짓밟힌 이세벨 시신은 개들이 뜯어 먹었다. 나중에 이세벨 시신을 장사하려고 했지만 두골과 발, 손바닥 외에는 아무것도 찾지 못했다. 죽을 때만 비참하게 죽은 것이 아니라 죽은 다음에도 끔찍한 꼴을 당했다. 하나님의 저주가 철저하게 이루어진 것이다.

오래 전의 일이다. 어떤 설교자가 예수님이 머리에서 피를 흘리신 이유는 우리가 머리로 지은 죄를 사하시기 위함이고 예수님이 손에서 피를 흘리신 이유는 우리가 손으로 지은 죄를 사하시기 위함이고 예수님이 발에서 피를 흘리신 이유는 우리가 발로 지은 죄를 사하시기 위함이라고 하는 것을 들은 적이 있다. 물론 사실이 그렇다는 뜻이 아니라 수사학적인 표현이다. 우리가 보혈의 공로로 구원을 얻은 것은 사실이지만 예수님의 머리에서 흐른 피가 우리의 머리로 지은 죄를 대속하고, 손에서 흐른 피가 손으로 지은 죄를 대속한 것은 아니다.

하지만 이세벨의 최후와 연결해서 생각해 보면 설득력이 있다. 이세벨은 두골과 손과 발만 남고 시신조차 찾을 수 없었다. 그가 남긴 것이라고는 머리로 지은 죄, 손으로 지은 죄, 발로 지은 죄뿐이었다. 어쩌면 이 모습이야말로 인생들의 모습을 그대로 보여주고 있는 것인지도 모른다. 예수님께서 그런 죄인들을 사하시기 위해서 머리와 손과 발에 피를 흘리셨다.

각설하고, 시신을 장사하지 못하게 된 것은 죽은 사람한테 상당히 수치스러운 일이다. 하물며 이세벨은 그 정도가 아니다. 개들이 시신을 뜯어 먹었다. 살아생전에는 존귀한 신분이었지만 먹을 것을 찾아 눈을 번득이는 허기진 개들에게는 굶주림을 면하게 해줄 고깃덩어리에 지나지 않았다. 대체 죽는 순간까지 무엇을 위해서 눈을 그리고 머리를 꾸민 것일까? 우리가 이 세상에서 자기 육체를 위하여 사는 것이 이만큼 어리석은 일이다.

하지만 이세벨에게 문제가 되는 것은 어느 만큼 비참하게 죽었느냐가 아니다. 이것으로 그의 존재 자체가 소멸되고 모든 것이 끝난 것이 아니라 이것이 그의 영원한 죽음에 대한 예표이기 때문이다. 그의 영혼이 받을 고통과 형벌은 이제 시작이다.

우리는 정녕 하나님이 무서운 분이라는 것을 알아야 한다. 몸은 죽여도 영혼은 능히 죽이지 못하는 자들을 두려워하지 말고 오직 몸과 영혼을 능히 지옥에 멸하시는 자를 두려워해야 한다. 우리에게 있는 죄를 하나님께서 어느 만큼 싫어하시는지 알아서 그 흔적조차도 남아 있지 않게 해야 한다. 이세벨의 내시들은 예후가 두려워서 이세벨을 창밖으로 던졌지만 우리는 하나님이 두려워서 그렇게 해야 한다.

예후가 그다음에 착수한 일은 바알 선지자들을 처단하는 일이었다. 그 일을 위해서 한 가지 계교를 썼는데, 자기는 지금까지보다 훨씬 더 대대적으로 바알을 섬길 것이라고 하면서 이스라엘에 있는 모든 바알 선지자들을 모은 다음에 그들을 한꺼번에 멸했다. 그러고는 바알 목상들을 불사르고 바알의 당을 훼파해서 변소로 만들었다. 이스라엘에서 바알을 몰아내는 한편 의도적으로 욕보였다.

여기까지 나타난 예후의 행적에는 아무런 문제가 없다. 아합을 진멸했을 뿐만 아니라 바알까지 몰아냄으로써 하나님의 도구로 쓰임 받는 사람다운 면모를 제대로 보여줬다. 그런데 벧엘과 단에 있는 금송아지를 섬기는 여로보암의 죄에서는 떠나지 않았다. 바알을 몰아냈으면 그것으로 그치지 말고 벧엘과 단에 있는 금송아지 우상도 없애야지, 왜 그냥 둔단 말인가? 바알 선지자들을 죽이고 바알 신당을 변소로 만드는 열심이면 금송아지를 부수는 일은 훨씬 수월했을 것 같은데 그렇게 하지 않았다. 우리가 보기에는 바알이나 금송아지가 둘 다 우상이지만 예후한테는 같은 우상이 아니었다는 뜻이다.

이스라엘에 바알 종교를 본격적으로 유포시킨 사람이 이세벨이다. 바알 종교가 아합 정권을 지지하는 전위부대였다. 아합의 집을 멸하고 왕위에 오른 예후로서는 묵과할 수 없다. 그들이 섬기는 거짓 신 때문에 이스라엘이 하나님에게서 멀어지기 때문이 아니라 자기 정권에 불리하기 때문이다.

이런 점에서 금송아지 우상은 바알과 다르다. 여로보암이 벧엘과 단에 금송아지 우상을 만든 이유가 무엇 때문이었나? 백성들이 절기를 지키느라 예루살렘으로 가는 것이 자기의 정치 기반을 약화시킬 우려가 있기 때문이었다. 그런 우려가 있는 것은 예후도 마찬가지다. 백성들이 남 왕국에 있는 예루살렘으로 가는 것이 달가울 리가 없다.

예후는 이스라엘을 하나님의 뜻대로 다스리는 것에는 관심이 없었다. 하나님의 뜻이 자기의 정치적인 입지와 상충되지 않는 범위 안에서 하나님을 내세웠다. 100점 맞고 싶어도 실력이 부쳐서 80점밖에 못 맞는 것처럼 아합의 집을 멸하고 바알 선지자들을 죽이는 일까지는 할 수 있었지만 금송아지를 부수는 일은 힘들어서 할 수 없었던 것이 아니라 금송아지를 부술 마음이 없었다. 그대로 있는 것이 자기한테 유리하기 때문이다.

사람은 중립적이지 않다. 다른 사람의 잘못은 곧잘 지적하면서도 자기 잘못에 대해서는 둔감하다. 증명사진을 찍을 때마다 그런 것을 느낀다. 사진을 찍으려고 앉아 있으면 항상 사진사가 고개를 똑바로 세우라고 한다. 설마 사진을 찍으면서 일부러 고개를 삐딱하게 하지는 않았을 것 아닌가? 내 생각에는 바로 되어 있는 것 같은데 사진사가 보기에는 안 그런 것이다. 혹시 같이 간 친구가 있으면 친구 눈에도 내 고개가 비뚤어져 있는 것이 보일 것이다. 이것이 사람이다. 다른 사람 머리통이 비뚤어진 것은 알면서 자기 머리통은 제대로 간수하지 못한다.

예후 역시 그런 사람이었다. 반역을 도모하여 칼을 빼들었을 때는 마치 하나님께 붙잡힌 사람인 양 포효했으면서 자기도 하나님께서 미워하시는 죄 속에 안주했다. 어쩌면 자기가 무엇을 잘못하고 있는지도 몰랐을 것이다. 단지 아합한테 속한 사람들만 죽어 마땅한 사람들이었다.

유다 여왕 **아달랴** ✡

아하시야가 예후의 반란에 휩쓸려 죽었다. 그 소식을 들은 아달랴가 어떻게 반응했을까? 자식이 죽었다는 말을 들었으면 제정신이 아니어야 하지 않을까? 아닌 게 아니라 아달랴는 제정신이 아니었다. 아하시야의 모든 후사를 죽이고 스스로 정권을 장악한 것이다. 할머니가 손자들을 죽이는 일이 어떻게 가능할까?

당 태종의 후궁이었던 측천무후는 중국 역사상 유일한 여제였다. 그는 장남과 차남 그리고 맏손자를 죽인 것으로도 악명 높다. 그 정도로 권력욕에 사로잡혔던 여자였다. 그런 측천무후의 행적을 알고 있는 사람이라면 아달랴도 그렇게 생각할 수 있다. 하지만 성경은 하나님의 구원 계획을 보여주는 책이다. "사람이 권력욕에 사로잡히면 얼마나 추악해지는가?" 하는 내용을 우리한테 보여줄 이유는 없다.

하나님께서 일찍이 다윗의 왕권을 보장해 주셨다. 메시야가 오기까지 다윗의 혈통은 보존되어야 한다. 그런데 여호사밧을 이어 왕이 된 여호람이 동생들을 죽였다. 여호람의 아들들은 아라비아 사람들에 의해 모두 죽었고 막내 아하시야만 남았다. 다윗의 가문이 쇠락할 대로 쇠락한 것이다.

이런 상황에서 아하시야가 죽자, 아달랴가 자기 손자들을 죽이고 정권을 잡았다. 아달랴의 의도대로 아하시야의 아들들이 다 죽었으면 다윗의 혈통이 끊어지는 셈이다.

창세 이래로 인류를 자빠뜨리려는 사탄의 술책은 늘 있었다. 에덴동산에서는 아담, 하와를 꾀어 선악과를 먹게 했고, 모세가 태어날 당시에는 바로로 하여금 이스라엘 여자가 아들을 낳으면 나일 하수에 던지게 했다. 에스더 시대에는 하만을 통해서 바사 제국의 모든 유대인을 죽이려고 했고, 예수님이 태어나셨을 적에는 헤롯을 충동하여 두 살 이하의 아이를 다 죽이게 했다. 아달랴가 아하시야의 자식들을 죽인 것도 같은 맥락에서 일어난 사건이다.

아달랴는 여호람의 아내였다. 여호람한테 몇 명의 아내가 있었는지 모르지만 그의 아내들은 아라비아 사람들한테 죽임을 당했다. 아달랴는 거기에서 살아남았다. 죄의 힘은 그만큼 끈질기다. 절대 만만하거나 호락호락하지 않다. 그런 아달랴가 다윗의 가계를 끊으려고 발악을 한 것이다.

아달랴가 왕권을 찬탈한 것이 세속적인 눈으로는 정권욕에 사로잡힌 악녀의 소행이지만 영적인 안목으로 보면 다윗의 혈통을 끊으려는 사탄의 음

모였다. 아달랴는 북 왕국 이스라엘을 바알 세상으로 만든 이세벨의 딸이다. 이세벨이 아합을 부추겼던 것처럼 남편 여호람을 부추겨서 온갖 악을 행하게 하더니 여호람이 죽은 다음에는 아들 아하시야를 조종해서 유다를 죄에 물들게 했다. 그러다가 아하시야가 죽자, 직접 나선 것이다.

이 모든 비극이 여호사밧의 실수에서 비롯되었다. 사탄이 아합과 사돈 관계를 맺은 여호사밧의 실수를 놓치지 않고 물고 늘어졌다. 놀랍게도 아달랴는 '여호와는 존귀하시다'라는 뜻이다. 다른 사람도 아닌 아합과 이세벨이 딸 이름을 이렇게 지었다는 사실이 경악스럽기만 하다. 하긴 과거 유럽과 아프리카를 오간 노예선 중에는 '선하신 예수의 배'라고 이름 지은 노예선도 있었다고 한다. 뱃머리에 큰 글자로 그런 이름을 쓰고는 열심히 노예를 실어 날랐을 생각을 하면 기가 막힐 따름이다.

어쨌든 아달랴가 다윗의 혈통인 자기 손자들을 죽이는 만행을 저지르는 와중에 아하시야의 누이인 여호세바가 한 살배기 조카 요아스를 구출해서 숨겼다. 여호세바는 제사장 여호야다의 아내인데 〈열왕기〉에는 여호세바, 〈역대기〉에는 여호사브앗이라고 기록되어 있다. 이 사건은 고모가 어린 조카를 구출한 사건 정도가 아니다. 하나님께서 다윗의 등불이 꺼지는 것을 막으신 사건이다.

이때부터 아달랴가 유다를 다스렸다. 바알 우상이 북 왕국에서는 예후에 의해 모두 훼멸될 시점에 오히려 남 왕국에서 기세를 떨친 것이다. 예수님이 십자가에 달려 돌아가셨을 때 사탄은 자기가 이긴 줄 알고 좋아했을 것처럼 이때도 사탄은 자기 뜻이 이뤄진 줄 알고 좋아했을 것이다.

하지만 아달랴의 통치는 그렇게 길게 이어지지 않았다. 6년이 지났을 때, 제사장 여호야다가 역 쿠데타를 일으켜서 요아스를 왕으로 옹립한 것이다.

이때 죽은 사람은 비단 아달랴만이 아니었다. 아달랴를 따르던 사람은 다 죽었다. 그리스도의 왕권이 선포되는 날, 사탄을 따르던 사람들은 영원한 멸망에 처해지는 것과 같다.

맛단이라는 바알 제사장이 있었다. 모든 바알 상이 부서지는데도 끝까지 남아서 바알 신당을 지키다가 거기서 죽음을 맞았다. 비록 악한 편에 속하기는 했지만 맡은 바 소임을 위해서 자기 목숨을 돌보지 않는 사내다운 기개를 보이는 것 같기도 하다.

하지만 그렇게 감상적으로 생각하면 안 된다. 우리가 찾아야 할 것은 인본주의적인 교훈이 아니라 영적인 교훈이다. 맛단은 사내다운 기개를 보여주는 인물이 아니라 우리한테 있는 죄를 보여주는 인물이다. 죄는 그 존재가 소멸될 때까지 절대 자기 정체성을 포기하지 않는다. 아달랴의 죽음과 바알의 종말을 보았으면 자기 목숨이 경각에 달렸다는 것을 알았을 텐데도 몸을 사리지 않고 자기 할 일을 하다가 죽음을 맞는 맛단처럼 죄도 그만큼 끈질기다.

특히 아달랴는 왕궁의 말이 다니는 길에서 죽었다. 한 나라의 최고 권좌에 앉았던 사람의 죽음이 사뭇 비참하지만 6년 동안 하나님 나라를 바알로 얼룩지게 만든 죄과에 비하면 아무것도 아니다. 그는 사람대접을 받지 못하는 것이 맞다. 그래서 짐승의 통로에서 죽었다.

이렇게 해서 아달랴에 의해 왜곡되었던 다윗의 가계가 다시 요아스로 이어진다. 아달랴가 왕이 되면 안 되고 요아스가 왕이 되어야 하는 이유는 하나님의 언약이 아달랴가 아닌 요아스한테 있었기 때문이다.

요아스는 아달랴를 피해서 6년을 숨어 지내다가 일곱 살에 왕이 되었다. 아달랴가 다윗의 모든 혈통을 죽일 때는 요아스가 한 살이었다. 아하시야의 재위 기간은 1년이었는데, 그 1년 사이에 요아스가 태어난 것이다.

하나님께서 여호람을 심판하시면서 그의 모든 아들들이 아라비아 사람들에 의해 죽임을 당할 때 아하시야가 구원을 얻은 이유를 여기에서 찾을 수 있다. 그가 하나님 나라에 그만큼 유용해서가 아니다. 그를 통해서 다윗의 혈통을 보존하신 것이다. 아하시야는 자기 죄 속에서 죽었지만 하나님께서는 그런 아하시야를 통해서 다윗의 가계를 이으셨다.

유다 왕 **요아스**   ✡

요아스는 남북 왕국을 통틀어 가장 어린 나이에 왕이 되었다. 왕이 될 때 나이가 일곱 살이었다. 사리분별이 있을 나이가 아니다. 아달랴가 몰락하고 다윗 왕통이 회복되는 과정에서 요아스가 한 일은 아무것도 없었다. 하나님 말씀이 성취되는 한복판에 자리하기만 했다. 하지만 그다음부터는 다르다. 유다를 어떻게 다스리고 어떤 왕이 될지는 전적으로 자기 책임이다.

요아스는 40년 간 왕위에 있었는데 평가가 양분된다. 제사장 여호야다의 교훈을 받는 동안에는 하나님 보시기에 정직하게 행했지만 여호야다가 죽은 다음에는 그렇지 못했다.

자기를 하나님 보시기에 바르게 인도해주는 사람이 있는 것은 참으로 복된 일이다. 하지만 그것만으로는 안 된다. 자기가 선택해서 내린 판단이 하나님 보시기에 옳아야 한다. 이런 점에서 요아스는 아쉬운 사람이었다.

요아스가 남긴 대표적인 업적은 단연 성전을 수리한 일이다. 솔로몬 시대에 그토록 화려하고 장엄하게 지어진 성전이지만 130년이라는 세월의 무게는 어쩔 수 없었다. 특히 아달랴가 왕권을 농단하는 동안 성전은 상당히 홀대를 받았다. 그의 아들들은 노골적으로 성전을 부수기도 했다. 앞에서 여호람의 아들들이 아라비아 사람들에게 죽임을 당했음을 확인했다. 여호람의 아들이면 곧 아달랴의 아들이다. 한 나라의 왕자들이 이방인한테 죽은 것은 어쩌면 성전을 능멸한 것에 대한 보응일 수 있다.

하여간 요아스가 퇴락한 성전을 수리하라는 명령을 내렸는데 무슨 영문인지 제대로 시행되지 않았다. 요아스 왕 23년에 다시 명령을 내려서야 시행되었다. 성전 수축이 지지부진하게 된 이유는 모르지만 성전 수리용으로 받은 헌금을 다른 용도로 써버린 것은 맞다. 어쩌면 만연한 우상 숭배로 생활이 어려워진 제사장들이 생계유지를 위해 써버린 탓이었을 수 있다. 요아스 역시 왕명이 제대로 시행되지 않았는데도 그에 대한 책임 추궁 없이 성전 수리를 위해서 일꾼을 쓰게 하고 새롭게 헌금을 하도록 종용했다. 성전 수축이 제대로 이뤄지지 않은 것이 옳다는 뜻은 아니지만 나름대로 이유가 있었다는 반증이다. 이런 우여곡절을 거쳐서 성전 수리가 마무리되었다.

요아스의 선정에 대한 기록은 이것으로 끝이다. 여호야다가 죽자, 요아스는 방백들의 말을 좇아 하나님을 버리고 우상을 섬겼다. 여호야다가 있을 적에는 여호야다의 영향을 받았는데 여호야다가 없으니까 방백들의 영향을 받았다. 그렇다고 해서 "저는 그렇게 하지 않으려고 했는데 방백들 때문에 그렇게 되었습니다."라는 변명은 통하지 않는다. 누가 어떤 말을 했든지 간에 판단은 자기 몫이기 때문이다.

하나님께서는 그런 요아스를 외면하지 않으시고 선지자를 보내서 경계하셨지만 듣지 않았다. 심지어 여호야다의 아들 스가랴를 죽이기까지 했다. 요아스한테 여호야다는 은인이라고 할 수 있다. 그런 사람의 아들마저 돌로 쳐서 죽였다. 요아스한테는 하나님의 말씀을 듣는 것보다 은인의 아들을 돌로 치는 것이 더 쉬웠다.

거듭된 경고에도 돌이키지 않자, 하나님께서는 아람으로 하여금 유다를 침공하게 했다. 말로 해서 안 들으면 매를 드는 수밖에 없다. 하지만 요아스의 반응은 더욱 한심했다. 회개하고 돌아온 것이 아니라 성전에 있는 보물을 내어주고 평화를 구걸했다. 어머니가 자식에게 정신 차리라고 매질을 했는데 자식은 어머니 지갑에서 돈을 슬쩍해다가 보호대를 사서 착용한 격이다. 성전 보수에 그토록 열심이었던 요아스와 성전 보물을 이방 나라 왕에게 바치는 요아스가 과연 같은 사람인지 의아할 지경이다.

하지만 그리 놀랄 일이 아니다. 하나님께서는 이방인인 고레스를 통해서도 예루살렘 성전을 재건하셨으니 요아스를 통하여 성전을 보수하는 일이 전혀 생뚱맞은 일은 아니다.

어쩌면 요아스가 성전을 보수하면서 보인 열심은 경건의 능력을 향한 열심이 아니라 경건의 모양을 향한 열심이었는지도 모른다. 실제로 상당히 많은 사람들이 경건의 모양을 추구할 때는 입에 거품을 물면서도 경건의 능력을 얘기할 때는 이방인과 같을 때가 비일비재한 것을 볼 수 있다. 기도하고 성경 보고 전도할 적에는 자기보다 못한 열심을 보이는 사람을 매섭게 질타하다가 온유하고 낮아지고 관용해야 할 상황에서는 믿지 않는 사람들과 구별되지 않는 사람이 한둘이 아니다.

이런 요아스가 결국 신복들의 모반으로 목숨을 잃었다. 대개의 경우 왕을 죽인다는 얘기는 정권을 찬탈한다는 뜻인데 이때 요아스를 죽인 사람들은 요아스의 아들 아마샤로 왕을 삼았다. 정권을 노린 모반이 아니었다는 뜻이다.

요아스의 아들이 왕위를 이었으니 다윗의 등불은 꺼지지 않고 보존된 셈이다. 결국 요아스는 다윗 언약을 지키려는 하나님의 은혜의 한복판에 있었으면서도 스스로는 멸망의 길을 간 사람이다. 그리고 하나님은 이런 사람을 통해서도 얼마든지 하나님의 일을 하시는 분이다.

이스라엘 왕 **여호아하스** ✡

예후에 이어 이스라엘 왕이 된 사람이 여호아하스인데, 여호아하스 역시 하나님 보시기에 악했다. 하나님의 징계로 아람이 이스라엘을 친 적이 있다. 여호아하스는 다급하게 하나님께 부르짖었고, 하나님은 그런 여호아하스를 구원해주셨다.

성경에는 "여호와께서 이에 구원자를 이스라엘에게 주시매... (왕하 13:5a)"라고 되어 있다. 하나님께서 어떻게 구원하셨는지 단정할 수 없지만 역사적인 정황을 보면 앗수르를 통해서 구원하신 것 같다. 당시 앗수르 왕이 아닷니라리 3세였는데 그가 주전 803년에 아람을 공격했다. 이스라엘을 공격하던 아람은 화급하게 군사를 돌려야 했다. 하나님은 자기 백성을 교훈하기 위해서 얼마든지 열방을 도구로 사용하신다.

이런 추측이 틀렸다고 해도 문제될 것은 없다. 어차피 성경에서 구체적인 구원 경로를 언급하고 있지 않으니 굳이 알아야 할 이유도 없다. 또 성경에서 이스라엘이 어떻게 구원 얻었는지 밝히고 있지 않다는 사실 자체에서 교훈을 얻을 수 있어야 한다.

사람들은 문제가 있으면 해결 방법을 궁리한다. 하나님은 그렇지 않다. 하나님께는 방법이 문제가 되지 않는다. 하나님께서는 말씀으로 천지를 창조하셨다. 천지를 창조하기 위해서 하나님의 음성이 필요했다는 뜻이 아니다. 필요한 것이 아무것도 없었다는 뜻이다. 하나님의 의지만으로 모든 것이 가능했다. 하나님께서 하시고자 하는 일은 이루어지게 마련이다.

하나님께서 이스라엘에게 구원자를 보내주셨다고 하면서 구체적인 구원 경로를 밝히지 않는 것은 하나님의 사랑과 능력이 같이 어우러진 표현이다. 이스라엘을 구원하신 것 자체는 하나님의 사랑이고, 방법에 관계없이 구원하신 것은 하나님의 능력이다.

그런데 그렇게 구원 얻은 이스라엘의 그다음 반응이 경악스럽다. 개가 토했던 것을 도로 먹고 돼지가 더러운 곳에 다시 눕는 것처럼 이스라엘은 구원을 얻자마자 다시 죄에 빠졌다. 마치 하나님께서는 핑계만 있으면 은혜를 주시려고 하고 이스라엘은 핑계만 있으면 하나님께 죄를 지으려고 작정한 것 같다.

다시 아람이 침공했다. 하나님의 은혜를 맛보았으면서도 짐짓 죄를 범했으니 별 수 없다. 이때 아람은 이스라엘의 모든 백성을 진멸하고 마병 50과 병거 10승, 보병 1만만 남겨 두었다.

정복 국가가 피정복 국가의 군사력에 제한을 두는 것은 인류 역사에 늘 있던 일이다. 이스라엘에 그런 일이 닥쳤다. 아람한테 무장해제를 당해서 국가를 유지하기 위한 최소한의 병력만 둘 수 있게 되었다. 참으로 구차스러운 일이다.

하지만 다행일 수도 있다. 아람이 제한할 수 있는 것은 외형으로 나타난 군사력뿐이었다. 하나님을 향한 부르짖음이나 하나님을 의뢰하는 마음은 제한할 방법이 없었다. 사실은 그것이 이스라엘의 진정한 힘이다.

문제는 이스라엘이 그것을 쓸 줄 몰랐다는 사실이다. 그들은 하나님께 제대로 하소연하지도 못하고 아람에 의해 족쇄 채워진 신세를 한탄하면서 쓸쓸히 남은 날을 보냈을 것이다.

여호아하스에 이어 요아스가 왕위에 올랐다. 당시 유다 왕도 요아스였는데 이스라엘 왕도 동명이인인 요아스였다.

요아스의 기록에는 특이한 사실이 있다. 그가 나라를 어떻게 다스렸는지에 대한 얘기는 별로 없고 엘리사와 관계된 얘기가 대부분이다. 요아스는 엘리사와 친분이 있는 사람이었다. 그런데도 성경은 '여로보암을 좇은 사람'이라고 한다. 아무리 엘리사와 가까운 사이였다고 해도 하나님 대신 금송아지를 예배한 여로보암의 행위를 답습했다면 그것으로 재고의 여지가 없다. 엘리사 얘기가 많이 나오는 요아스는 요즘 말로 하면 '교회 다닐 뻔한 사람'이다. 하기야 복음서에 나오는 부자 청년도 예수님의 제자가 될 뻔했다.

엘리사가 임종을 앞두었다. 엘리사를 찾아간 요아스가 엘리사를 '이스라엘의 병거와 마병'이라고 불렀다. 엘리사도 엘리야를 그렇게 부른 적이 있다. 병거와 마병은 국방력을 말한다. 여태까지 이스라엘을 지킨 것이 이스라엘의 국방력이 아니라 하나님께 속한 사람이었다. 엘리사가 그 사실을 알아서 엘리야를 '이스라엘의 병거와 마병'이라고 불렀고, 요아스도 엘리사를 그렇게 불렀다.

소돔, 고모라의 운명은 그 성의 왕이 성을 얼마나 잘 다스렸는지와 아무 상관이 없었다. 주변에 있는 다른 나라보다 국력이 강한지 여부도 문제가 아니었다. 과연 그 성에 의인 열 명이 있느냐가 문제였다. 한 나라의 운명은 그 나라의 정치가나 기업가에 달려 있지 않다. 신자들이 어느 만큼 신자답게 사느냐에 달려 있다. 이런 점에서 엘리야나 엘리사가 '이스라엘의 병거와 마병'이라는 호칭을 듣는 것은 당연하다.

그러면 이상한 점이 있다. 엘리사는 엘리야가 '이스라엘의 병거와 마병'인 줄 알아서 자기도 역시 경건한 삶을 살았다. 그런데 요아스는 엘리사를 '이스라엘의 병거와 마병'이라고 부르면서 하나님과 상관없이 살았다.

이런 요아스의 모습은 일견 어리석게 보이기도 한다. 엘리사가 '이스라엘의 병거와 마병'인 것을 몰라서 여로보암의 죄를 좇았다면 그럴 수 있지만 그 사실을 알면서도 여로보암의 죄를 좇았다는 것은 말이 되지 않기 때문이다. 신앙이 중요하다고 하면서 세상을 좇아 사는 격이다. 하지만 남의 얘기가 아니다. 우리가 세상을 그렇게 살기 때문이다. 말로는 하나님이 이 세상 주인이라고도 하고 하나님 뜻대로 세상을 사는 것이 가장 중요하다고도 하면서 실제로는 세상 풍습을 좇아 살아간다. 심지어는 그렇게 살아가는 사람을 흉보면서 자기는 그렇게 살아간다.

로마서는 크게 두 부분으로 나눌 수 있다. 1-11장과 12-16장이다. 1-11장에는 우리가 얻은 구원이 어떤 구원인지가 설명되어 있고, 12-16장에는 그런 구원을 얻었으니 앞으로 어떻게 살아야 하는지가 설명되어 있다. 1-11장은 교리이고 12-16장은 윤리이다.

롬 12:1이 "그러므로 형제들아 내가 하나님의 모든 자비하심으로 너희를 권하노니 너희 몸을 하나님이 기뻐하시는 거룩한 산 제물로 드리라 이는 너희가 드릴 영적 예배니라"이다. 구원을 얻었으면 자기 몸을 하나님께 산 제물로 드리면서 살아야 한다. 자기 몸을 하나님께 산 제물로 드리려면 어떻게 해야 할까? 롬 12:2가 "너희는 이 세대를 본받지 말고 오직 마음을 새롭게 함으로 변화를 받아 하나님의 선하시고 기뻐하시고 온전하신 뜻이 무엇인지 분별하도록 하라"이다. 자기 몸을 하나님께 산 제물로 드리려면 가장 먼저 해야 할 일은 이 세상을 본받지 않는 일이다. 이 세상 풍조와 관계없이 사는 일이다. 바람에 나는 겨처럼 산다면 하나님을 섬기는 것은 애당초 틀린 노릇이다. 혹시 그런 사람이 있다면 이 땅에 남아있는 수두룩한 요아스들이다.

유다 왕 **아마샤** ✡

요아스에 이어 왕이 된 아마샤는 모든 면에서 아버지와 방불한 사람이었다. 둘 다 처음에는 하나님을 바로 섬기는가 싶더니 나중에는 우상을 섬겼고, 둘 다 모반에 의해서 피살되었다. 둘 다 성전 보물을 적국에 넘겨줬다. 이렇게 따지면 아마샤는 처음 열심을 잃어버리고 나중에 우상에게로 돌아선 것이나 성전 보물을 적국에 내어준 것은 마음에 들지 않지만 적어도 요아스와 비교하면 괜찮은 사람이었다.

아마샤의 인생 기준이 요아스였으면 아마샤는 '정상'이다. A학점은 아니라도 B학점은 무난하다. 그런데 성경은 아마샤를 '요아스만큼 의로운 사람'이라고 하지 않고 '다윗과 같지 않은 사람'이라고 한다. 다윗과 비교하는 것이 아니다. 다윗은 '하나님 마음에 합당한 사람'이었다. 다윗과 같지 않았다는 얘기는 하나님 마음에 합당하지 않았다는 뜻이다. 만일 아마샤가 요아스보다 나은 면이 있었다고 해도 하나님 마음에 합하기 전에는 아무 의미가 없는 것처럼 우리도 그렇다. 우리 역시 우리 주변 사람과 비교해서 무난하면 되는 것이 아니라 하나님 보시기에 온전해야 한다.

천당과 지옥이 정말로 있다면 착하게 산 사람이 천당에 가야 하는 것 아니냐는 얘기를 간혹 듣는다. 일리 있는 말이다. 그런데 따져야 할 사실이 있다. 누구만큼 착하면 천당 간다는 얘기인가? 히틀러보다 착하면 천당 간다고 하면 천당 갈 사람이 참 많을 것이다. 하지만 마더 테레사보다 착해야 천당 간다고 하면 어떤가? 대체 누구를 기준으로 하는 얘기인가?

천당, 지옥이 있다면 그 기준은 하나님일 수밖에 없다. 하나님 보시기에 착한 사람이 구원 얻는다. 사람들한테 착하다고 인정받는 것은 의미가 없고 하나님께 인정받아야 한다. 즉 하나님께서 의롭다고 인정한 사람이 구원 얻는다. 그리고 사람이 하나님께 의롭다고 인정받는 방법은 예수님의 의를 덧입는 방법밖에 없다.

각설하고, 아마샤는 정상적으로 왕위에 등극한 사람이 아니다. 아버지인 요아스를 피살한 사람들에 의해 왕위에 올랐으니 왕권이 약했을 수밖에 없다. 그런데 나중에는 요아스를 죽인 신복들을 벌했다. 아마샤의 왕권이 그만큼 확립되었다는 뜻이다.

본래 왕을 피살한 죄를 다스린다면 삼족을 멸해야 할 것이다. 하지만 아마샤는 당사자들만 죽였다. 아버지를 죽인 원수를 갚는다면 씨를 말려도 분이 풀리지 않겠지만 율법에 위배되기 때문이다. 적어도 이때의 아마샤는 하나님의 법을 따르는 사람이었다.

사람은 자기 죄로 인해서만 죽는다. 아버지의 죄를 아들이 대신 갚거나 아들의 죗값을 아버지가 치르는 법은 없다. 그 반대의 경우도 성립한다. 사람은 자기 의로 인해서만 살 수 있다. 아버지의 의로 아들이 살거나 아들의 의로 아버지가 살 수는 없다. 우리가 예수를 믿는 것이 바로 그렇다. 구원은 하나님과 우리의 1:1의 관계에 달려 있다. 자기가 예수를 믿으면 자기가 구원 얻고, 자기가 예수를 믿지 않으면 자기가 구원을 얻지 못한다. 다른 사람이 개입할 여지가 없다.

아버지를 살해한 신하들을 벌함으로써 아마샤의 왕권은 더욱 강화되었을 것이다. 아마샤는 그렇게 강화된 왕권을 바탕으로 에돔을 정벌했다. 에돔은 다윗 이래로 유다의 속국이었는데 여호람 때 유다에서 독립했다. 그런 에돔을 정벌한 것이다. 그리고 여세를 몰아 이스라엘의 요아스에게 선전포고를 했는데 전쟁에서는 무참하게 패하고 만다.

아마샤가 하나님 보시기에 바른 왕은 아니었지만 바른 면도 더러 있었다. 하지만 요아스는 그렇지 않다. 요아스는 하나님 앞에 내놓을 것이 아무것도 없는 사람이다. 성경은 요아스를 가리켜서 '여로보암을 좇은 사람'이라고 한다. 그런 요아스와 아마샤가 싸우면 누가 이겨야 할까? 우리 생각에는 아마샤가 이겨야 할 것 같은데 졌다. 그것도 아마샤가 포로로 잡히고 예루살렘 성벽이 헐릴 만큼 일방적으로 졌다. 여기에는 그럴 만한 사연이 있다.

아마샤가 에돔을 정벌하려고 은 100달란트를 주고 이스라엘 군사 10만을 용병으로 고용했다. 1달란트가 약 34kg이니 100달란트는 3.4톤에 이르는 양이다. 10만의 군사를 통해서 얻을 수 있는 유익이라면 은 3.4톤은 지불할 수 있다는 것이 아마샤의 생각이었다. 그런데 하나님 보시기에 옳지 않은 발상이었다.

하나님께서 사람을 보내서 아마샤의 행보를 막으셨다. 하나님께서는 이스라엘의 도움 없이도 얼마든지 에돔을 이길 수 있게 하실 수 있을 뿐더러, 하나님께서 승리를 주시지 않는다면 설령 이스라엘의 도움이 있어도 아무런 소용이 없다고 했다.

아마샤가 갈등에 빠졌다. 이미 100달란트를 줬는데 이제 와서 취소하면 공연히 돈만 날리게 된다. 하나님의 사람은 하나님께 순종하면 당장 100달란트를 손해 보기는 하지만 하나님께서 그보다 더 좋은 것으로 갚아주실 것이라고 설득했다.

오래 전의 일이다. 어떤 청년이 편의점에서 아르바이트를 하기로 했다며 당분간 주일예배에 참석하지 못한다고 했다. 그 얘기를 듣고는 심하게 질책했다. "그것이 어떻게 해서 예배를 못 드리는 거냐? 예배를 안 드리기로 하고 아르바이트를 하는 것 아니냐?" 계속 나무랐더니 난처하게 생각하는 기색이 역력했다. 자기도 어지간하면 예배 시간은 피하고 싶었는데 도무지 그런 아르바이트를 구할 수 없더라는 등의 변명을 하다가, 다 기어드는 목소리로 대답했다. "이미 하겠다고 얘기하고 왔는데 이제 와서 어떡해요…?"

아마 그 청년은 내가 화는 내더라도 이왕 벌어진 일이니 별 수 없다고 생각해서 넘어갈 줄 알았던 모양이다. 그런데 워낙 심하게 화를 내니 자기도 마음 한구석에서 취소하고 싶은 생각이 들기는 하지만 이제 와서 그런 말을 하려니 난처하다는 것이었다.

이런 경우가 바로 그렇다. 주일에 아르바이트를 하겠다고 나선 것은 명백한 잘못이다. 그러면 천생 편의점 주인에게 미안하든지, 하나님께 송구스럽든지 둘 중의 하나를 택해야 한다. 일은 자기가 저질렀으면서 양쪽 다 흔쾌하게 이해할 수 있는 방향으로 해결할 수는 없다.

하지만 아마샤가 가졌던 고민은 아무래도 석연치 않다. 아마샤는 이미 100달란트를 줬다는 사실을 고민할 게 아니라 하나님 앞에 그릇 행할 뻔했다는 사실을 고민해야 했다. 그때 그 청년도 편의점 주인에게 난처한 얘기를 해야 한다는 사실을 걱정할 게 아니라 자기가 주일을 범하는 일을 계획했다는 사실을 더 걱정했어야 했다.

그나마 다행스러운 것은 아마샤가 이스라엘 용병을 돌려보내는 쪽으로 마음을 정했다는 사실이다. 이미 지출한 100달란트가 아까워서 하나님께 난처하기로 결정한 것이 아니라 100달란트를 포기하더라도 이스라엘 군사들에게 난처하기로 하고 하나님 말씀에 따르기로 했다.

이스라엘 용병들이 심히 노여워하며 돌아갔다. 전쟁에 참여하면 더 많은 전리품을 얻을 수 있는데 그럴 수 없게 되었기 때문이다. 계약금으로 받은 100달란트로는 양에 차지 않았던 모양이다. 하기야 은 100달란트를 10만

명이 나누면 한 사람한테 3.4g밖에 돌아가지 않는다.

에돔과의 전쟁에서는 유다가 일방적인 승리를 거뒀다. 이스라엘 용병 10만이 없는 것은 아무런 문제가 되지 않았다. 그런데 엉뚱한 일이 벌어진다. 앙심을 품은 이스라엘 군사가 유다를 침공한 것이다. 이 일로 유다 백성 3,000명이 죽었고 물건도 상당히 노략 당했다.

이스라엘이 유다를 침공한 것은 경우에 어긋나는 일이다. 하지만 아마샤에게도 그런 구실을 제공한 잘못이 있다. 중간에 돌이키기는 했지만 하나님을 의지하지 않고 군사의 숫자에 의지했기 때문이다. 그 일은 아마샤가 감당해야 했다.

우리는 값없이 받는 은혜에 익숙해 있어서 이런 내용을 쉬 이해하지 못한다. 이스라엘 군사를 빌리려던 잘못을 돌이키고 하나님을 의지했는데, 이미 지난 잘못을 들춰내어 책임을 묻는 것이 못마땅할 수 있다.

어떤 학생이 수업 시간에 몰래 땡땡이를 쳤다가 생각을 고쳐먹고 돌아왔다고 하자. 다시 교실로 돌아왔으면 수업을 받을 수는 있다. 하지만 자기가 땡땡이를 친 만큼은 자기가 손해를 봐야 한다. 마침 그때 진도 나간 내용이 시험에 나올 수 있다. 그러면 자기가 공부를 안 했기 때문에 자기가 틀려야 한다. "내가 비록 잠깐 실수로 수업을 안 듣기는 했지만 다시 돌아왔으니까 내가 배우지 않은 부분에서는 시험 내지 말라"는 얘기는 말이 되지 않는다.

아마샤가 에돔을 이긴 것은 하나님 말씀을 의지해서 그렇다. 하지만 이스라엘 군사를 의지했던 잘못은 자기가 감당해야 했다. 이스라엘을 무마해야 할 책임이 하나님께 있는 것이 아니다.

이런 일을 보면서 우리는 하나님께 불순종하는 것이 어느 만큼 무서운지를 알아야 한다. 사람들은 회개하면 된다는 말을 너무 쉽게 한다. 물론 회개하면 죄를 용서받을 수는 있다. 하지만 수업을 빼먹으면 자기가 공부를 못하는 것처럼 회개할 일을 하면 그만큼 손해라는 사실을 유념해야 한다. 자기가 어떤 잘못을 하든지 하나님 보시기에 옳은 태도를 한 번 보이기만 하면 그것으로 누적된 모든 잘못이 덮어지는 것이 아니다.

그런데 납득하기 어려운 일이 벌어진다. 아마샤가 에돔을 정벌하고 돌아오는 길에 에돔이 섬기던 우상을 가지고 와서 그것을 숭배한 것이다. 자기가 에돔을 정벌했으니 에돔의 신은 에돔 백성을 지킬 능력이 없다는 사실을 직접 확인한 셈이다. 그런 신을 왜 섬긴다는 얘기인가? 하나님을 거스르기로 작정한 사람은 별 수 없는 모양이다.

하나님께서 선지자를 보내서 아마샤를 책망했다. 그런데 아마샤가 듣지 않았다. 아마샤는 이스라엘의 힘을 빌려 에돔을 정벌하려다가 하나님의 사람에게 지적을 받고는 자기 계획을 고쳤던 적이 있다. 그런데 이번에는 에돔 우상을 섬기는 잘못을 지적하는 선지자를 오히려 핍박했다.

여호야다의 아들 스가랴가 요아스의 잘못을 지적했다가 죽임을 당한 사례가 있다. 어쩌면 아마샤는 그 일을 떠올리면서 자기의 잘못을 지적하는 선지자를 꾸짖었을 것이다. "네 이놈, 스가랴가 어떻게 죽었는지 모르느냐?"라고, 부릅뜬 눈으로 호령했을 것이다. 하지만 정작 교훈을 받아야 할 사람은 아마샤 자신이었다. 아마샤를 책망한 선지자가 스가랴의 죽음을 생각하여 말을 삼가야 했던 것이 아니라 스가랴를 죽인 요아스가 어떻게 되었는지 알아야 했다.

어쨌든 이상한 점이 있다. 잘못의 비중으로 얘기하면 전쟁을 앞두고 용병을 구한 것보다 우상을 섬기는 것이 훨씬 더 큰 잘못이다. 그런데 작은 잘못은 고쳤으면서 큰 잘못에 대해서는 고집을 부렸다. 용병에 대한 애착보다 우상에 대한 애착이 더 강했다는 뜻이다.

어쩌면 아마샤는 자기가 돌려보낸 이스라엘 군대가 유다를 침공한 것을 놓고 하나님을 섬기는 것이 부질없는 일이라는 생각을 했을 수 있다. 자기가 무엇을 잘못했는지는 모르고 하나님이 자기 기대대로 움직이지 않는 것이 원망스러웠을 수 있다. 그리고 그런 하나님이라면 차라리 에돔의 신을 섬기는 것이 낫다는 생각을 했을 수 있다.

예배 시간에 지각을 하는 것은 잘하는 일이 아니다. 하지만 늦었다는 이유로 아예 예배에 불참하는 것은 더욱 그렇다. 어떤 사람이 예배에 늦었는데 자기가 문을 열 때 누군가 돌아보는 바람에 민망함을 느꼈다고 가정해 보자. 그런 경우에는 그냥 민망하면 된다. 어차피 자기가 민망할 일을 했기 때문에 남을 원망할 것도 없다. "예배에 늦으니까 사람들이 다 돌아보면서 무안하게 만들더라. 앞으로는 교회 안 간다!"라고 하는 것은 말이 되지 않는다. 아마샤가 바로 그런 생각을 했을 수 있다.

결국 아마샤는 스스로 멸망을 재촉하고 말았다. 이스라엘에 선전포고를 한 것이다. 이때 이스라엘의 요아스는 전쟁에 소극적이었는데 아마샤가 한사코 고집을 부렸다. 성경은 그 사실을 놓고 "아마샤가 듣지 아니하였으니 이는 하나님께로 말미암은 것이라 그들이 에돔 신들에게 구하였으므로 그 대적의 손에 넘기려 하심이더라"라고 설명한다. 아마샤가 에돔 우상을 섬긴 벌이 그렇게 나타났다는 것이다.

그러면 한 가지 의문이 생긴다. 아마샤만 우상을 섬기고 요아스는 우상을 섬기지 않았는가? 성경에 직접 비교된 내용은 없지만 우상을 섬기는 쪽으로는 오히려 요아스가 더 심했을 것이다. 북 왕국은 예루살렘에 있는 여호와의 성전을 무시하고 금송아지 우상을 섬겼다. 그런데도 하나님께서는 요아스를 통해서 아마샤를 징계하셨다. 하나님께서 바라시는 기대 수준이 달라서 그렇다. 유치원에는 체벌이 없어도 군대에는 체벌이 있는 것과 같다.

사람들은 종종 자기한테 유리한 일이 있으면 그것이 하나님께서 자기를 인정해 주는 징표인 줄로 생각하는데 그렇지 않다. 하나님께서 우리 인생에 개입하시는 손길은 상당히 다양하다. 삶이 평탄한 것은 하나님 보시기에 옳게 산 것에 대한 보상이 아니라 하나님께서 아무것도 기대하지 않기 때문일 수 있다.

전쟁에 진 아마샤는 포로의 몸으로 이스라엘에 잡혀갔다가 나중에야 돌아온다. 한 나라의 왕이 다른 나라에 포로로 잡혀갔다는 것은 실로 엄청난 일이다. 그렇다고 해서 그것이 전부가 아니다. 아마샤의 아버지 요아스도

신복들에 의해 죽임을 당했는데 아마샤 또한 그랬다. 신복들이 반란을 일으킨 것이다. 위급함을 느낀 아마샤가 라기스로 피했지만 그곳도 안전한 곳이 아니었다. 결국 아마샤는 라기스에서 죽임을 당한다.

히스기야가 앗수르 때문에 곤욕을 치른 적이 있다. 유다의 모든 견고한 성읍들이 함락된 상태였다. 히스기야가 라기스로 항복 사절을 보냈다. 앗수르가 라기스를 점령해서 자기들의 베이스캠프로 삼은 것이다. 라기스는 성벽 두께가 6m나 되는 견고한 성이었다. 아마샤가 그런 곳으로 피했다가 거기서 죽었다. 성경은 아마샤가 여호와를 버린 다음부터 사람들이 아마샤를 배반했다고 밝히고 있다. 아마샤가 피할 곳은 라기스가 아닌 하나님이었는데, 아마샤가 깨닫지 못했다.

이런 아마샤의 행적이 특히 어리석게 보이는 이유는 아버지 요아스의 전철을 그대로 밟았기 때문이다. 요아스가 아마샤와 똑같은 삶을 살다가 비참하게 죽었는데 아마샤는 그 사실에서 아무런 교훈도 받지 못했다.

아마샤는 다른 사람이 아니라 우리일 수 있다. 성경에 이런 내용이 기록된 것을 뻔히 알면서도 자기를 고치지 못한다면 우리 역시 아마샤와 아무 차이가 없다. 우리가 성경을 읽으면서 아마샤를 비웃는 것처럼 누군가 우리를 비웃을 것이다.

이스라엘 왕 **여로보암 2세** ✡

요아스에 이어 왕이 된 여로보암 2세는 이스라엘의 부흥기를 이끈 왕이다. 그가 다스리던 시절, 이스라엘은 가장 강성했고 국토도 넓었다. 이스라엘 모든 백성이 태평성대를 누리게 해준 자기들의 왕을 칭송했을 것이다.

하지만 이름부터 마음에 들지 않는다. 하고많은 이름 중에 왜 하필 여로보암인가? 북 왕국 이스라엘을 시작한 사람이 여로보암인데, 이스라엘 왕의 악정을 얘기할 때마다 '그가 여호와 보시기에 악을 행하되 여로보암의 길로 행했다'고 한다. 그런데 그런 이름으로 자기 이름을 삼았다. 아니, 여로보암 2세의 부모가 그런 이름을 지어줬다. 여로보암이 하나님 보시기에 악한 사람이었다는 사실은 안중에 없고 단지 북 왕국을 일으킨 창업 군주라는 사실만 마음에 들었던 모양이다. 하기야 교회에서도 신앙 좋은 사람보다 돈 많은 사람을 부러워하는 것이 흔한 일이다.

그나저나 하나님이 그런 여로보암 2세를 어떻게 하셔야 할까? 마른하늘에서 날벼락이 떨어져서 죽게 하든지, 모반이 일어나서 왕좌에서 쫓겨나게 해야 하지 않을까? 하지만 우리 생각만 그렇다. 여로보암 2세는 북 왕국 역대 임금 중에 가장 강성한 임금이 되었다. 물론 하나님을 잘 섬겨서 그렇게 된 것이 아니다. 그 역시 이스라엘로 범죄하게 한 느밧의 아들 여로보암의 모든 죄에서 떠나지 않은 사람이었다.

하나님은 우리가 무엇을 심든지 그대로 거두게 하시는 분이다. 자기 육체를 위하여 심는 자는 육체로부터 썩어질 것을 거두고 성령을 위하여 심는 자는 성령으로부터 영생을 거둔다. 사람들은 이 말씀을 오해하는 경향이 있다. 육체를 위하여 심는 자는 아무런 소득도 없지만 성령을 위하여 심는 자는 성령에 속한 것을 거두는 것은 물론이고 거기에 더해서 이 세상에 속한 것도 보너스로 거두는 줄 안다. 그런 법은 없다. 콩을 심으면 콩을 거두고, 팥을 심으면 팥을 거두는 것처럼 세상에 속한 것을 심으면 세상에 속한 것을 거두고 하늘에 속한 것을 심으면 하늘에 속한 것을 거둔다. 밤낮없이 경건에 힘쓰면 경건한 사람이 되고 늘 '돈' '돈'하면서 살아가면 남보다 많은 돈을 모으는 것이 정상이다. 늘 '돈' '돈'하면서 살아가면 쫄딱 망하고 밤낮없이 경건에 힘쓰면 경건한 사람이 되는 것은 기본이고 거기에 더해서 돈까지 굴러오는 것이 아니다.

여로보암 2세는 육체에 속한 것을 심어서 육체에 속한 것을 거둔 사람이다. 평생 부국강병에 힘써서 실제로 부국강병을 이뤘다. 이스라엘은 주변 나라보다 강성했던 때가 거의 없다. 고작해야 다윗과 솔로몬 때뿐이다. 그런데 여로보암 2세 때는 다윗 시대의 영토가 거의 회복되었다. 물론 하나님 앞에서 얻을 분깃은 아무것도 없다.

여로보암 2세를 보더라도 자기한테 유리한 일이 있으면 하나님께서 함께하신다고 시시덕거리고 불리한 일이 있으면 하나님께 벌 받는다고 낙심하는 것은 어리석은 일이다. 이 땅에서 흥왕하다고 하늘나라에서도 흥왕한 것이 아니다. 넓은 평수의 아파트에 산다고 해서 하나님께 복 받았다고 할 수 없다. 나비 애벌레에서 성충의 모습을 연상할 수 없는 것처럼 이 땅에서 나타난 모습과 다음 세상에서 나타날 모습은 판이하게 다르다.

여로보암 2세는 단지 이 땅에서 흥왕했던 사람이다. 하나님은 악한 사람이라고 해서 지금 당장 보응하는 것이 아니라 이 땅에서 잠시 흥왕할 수 있게도 하신다. 하지만 여로보암 2세가 하나님에게 입을 수 있는 은혜는 그게 전부였다. 그는 이 세상에서는 잘나가는 사람이었는지 몰라도 영원한 세계에 대해서는 가려진 사람이었다.

성경이 세속 역사였으면 여로보암 2세를 굉장히 중요하게 다뤘을 것이다. 하지만 성경이 하나님의 구원 역사인 이상 그에 대한 얘기는 고작해야 그가 영토를 얼마나 넓게 확장했느냐가 전부이다. 요즘 말로 옮기면 여로보암 2세는 돈 얘기 말고는 할 얘기가 없는 사람이었다. 어디에 아파트를 사두었다가 팔았더니 얼마 남았고, 어느 지역에 그린벨트 땅을 사두었는데 어떻게 될 것 같고, 어느 주식을 샀는데 얼마가 올랐고… 이런 얘기가 전부였다.

신앙에 부요한 사람이 아니라 물질에 부요한 사람이었다. 하나님께서는 그를 위해서 아무런 기업도 예비해두지 않으셨다.

유감스럽게도 교회에서도 그런 사람을 부러워하는 것이 작금의 현실이다. 여로보암 2세 같은 삶을 사는 것이 하나님께 복 받은 인생인 줄로 생각한다. 나아만이 무슨 병을 앓고 있는 줄은 모르고 그저 군대 장관이라는 그의 지위만 부러워하는 것과 마찬가지 형국이다.

우리의 소망은 이 땅에 있지 않다. 이 세상에서 어느 만큼 넓은 땅을 차지하느냐가 중요한 것이 아니라 우리로 인해서 하나님 나라가 어느 만큼 확장되느냐가 중요할 뿐이다.

유다 왕 **웃시야(아사랴)**   ✡

아마샤를 이은 웃시야는 처음에는 하나님 앞에 온전했지만 나중에는 하나님 앞에 범죄해서 문둥병에 걸린 것으로 유명한 왕이다. 〈열왕기〉에는 아사랴로 나오고 〈역대기〉에는 웃시야로 나온다.

문둥병은 죄의 속성을 그대로 보여주는 병이다. 손가락이 떨어지고 코가 문드러져서 흉측하게 변하는데 통증은 없다. 공동체에서 외면당하고 죽을 때까지 혼자 쓸쓸하게 지내야 한다. 성경에 문둥병이 자주 나오는 이유도 죄를 가장 잘 보여주는 병이기 때문이다. 언어순화 차원에서 〈개역개정판 성경〉에서는 나병으로 번역했지만, 죄의 흉악함을 강조하기 위해서라도 그냥 문둥병으로 했으면 좋겠다는 것이 내 생각이다.

16세에 왕위에 오른 웃시야는 가장 먼저 엘랏을 건축했다. 본래 엘랏은 에돔 영토였다. 에돔은 다윗 이후로 유다의 속국이었는데 여호람 때 독립했다가 아마샤 때 다시 정벌되었다.

유다와 에돔의 이런 역학관계는 유다와 하나님의 관계를 대변한다. 여호람 때 에돔이 유다의 속국에서 벗어난 것은 여호람이 하나님을 떠났기 때문이고, 아마샤가 그런 에돔을 정벌할 수 있었던 것은 하나님을 의지했기 때문이다. 하지만 아마샤가 이스라엘과의 싸움에서 크게 패한 이후에 에돔 땅은 거의 방치 상태일 수밖에 없었다. 그런데 웃시야가 엘랏을 재건해서 유다 영토로 삼았다. 즉 하나님을 향한 웃시야의 마음이 정상이었다는 뜻이다.

그런데 웃시야에 대한 성경의 평가는 어딘가 어색하다. 성경은 웃시야를 "그 부친 아마샤의 모든 행위대로 여호와 보시기에 정직히 행하였다"고 한다. 또 "하나님의 묵시를 밝히 아는 스가랴의 사는 날 동안 하나님을 구하였다"고 한다.

아마샤는 하나님 보시기에 정직했다고 하기에 다소 난감한 행적을 남긴 사람이다. 우리가 아는 아마샤는 하나님 앞에 옳게 행한 일도 없지 않지만 나중에 에돔 우상을 섬겼다가 크게 패망한 사람이다. 어쩌면 우리는 아마샤의 불의한 모습을 더 인상 깊게 기억할 것이다. 그런데 성경은 그렇지 않다. 아마샤의 불의보다 그가 남긴 의를 더 크게 기억한다.

눈물로 기도한 자식은 절대 망하는 법이 없다고 한다. 암브로시우스가 한 말이다. 아우구스티누스는 젊은 시절, 마니교에 빠진 적이 있다. 결혼 전에 아이를 낳기도 했다. 그런 아우구스티누스 때문에 눈물이 마를 새 없었던 어머니 모니카가 암브로시우스를 찾아갔을 때 암브로시우스가 눈물로 기도한 자식은 절대 망하는 법이 없다고 위로했다. 나중에 회심한 아우구스티누스는 기독교 역사에 큰 족적을 남겼지만 한때는 어머니의 근심거리였다. 그런데 모니카가 죽을 때 아우구스티누스에게 말했다. "너는 참 효자였다. 한 번도 내 뜻을 어긴 적이 없구나." 실제로 아우구스티누스가 효자였던 것이 아니다. 모든 부모는 자식의 좋은 점만 기억하는 법이다.

아마샤가 불의를 행했을 적에는 하나님께서 그 불의를 징계하셨다. 하지만 이미 지나간 일인데 그것을 들춰서 흉볼 이유가 없다. 하나님께서는 우리의 모습을 있는 그대로 기억하지 않으시고 하나님의 은혜로 덮어서 기억하신다.

그럼에도 불구하고 웃시야에 대한 평가에는 아쉬움이 남는다. 요아스가 여호야다가 사는 동안에 하나님을 섬겼던 것처럼 웃시야 역시 '스가랴가 사는 날 동안' 하나님을 구했기 때문이다. 그가 형통한 기간도 제한될 수밖에 없다. 인간은 하나님을 섬겨서 형통한 경험이 있으면서도 하나님을 떠날 만큼 죄와 가깝다는 사실이 새삼 놀랍다.

어쨌든 웃시야 당시의 유다는 상당히 강성했다. 웃시야는 블레셋과 아라비아, 마온을 쳤고 암몬에게 조공을 받기도 했다. 웃시야의 이름이 애굽 변방까지 퍼졌다.

웃시야의 업적은 비단 정복 사업에만 국한되지 않았다. 그는 농업을 크게 진흥시켰고 군대를 정비했으며 새로운 병기도 제작했다. 그리고 이 모든 일을 통해서 그의 이름이 원방에 퍼졌다. 성경은 그 사실을 놓고 '기이한 도우심을 얻어 강성하여졌다'고 밝히고 있다.

실제로 웃시야 때는 국제 정세가 상당히 미묘했다. 아람은 앗수르에 의해 급격히 힘을 잃었고, 앗수르마저 국내 사정으로 외부에 신경을 쓸 여력이 없었다. 이런 국제 정세 속에서 북 왕국 이스라엘의 여로보암 2세가 강력한 왕으로 등장했는데, 그가 죽은 후에는 이스라엘도 거듭되는 정변으로 심각한 내부 진통을 겪었다. 이 같은 시대 상황을 배경으로 웃시야는 부국강병에 힘쓸 수 있었다.

이 사실은 두 가지 관점에서 조망할 수 있다. 웃시야가 시운을 잘 타고나서 그 덕을 보았다고 할 수도 있고 하나님께서 이 모든 일을 주장하셨다고 할 수도 있다.

역사학자들은 시운을 잘 탔다고 할 것이다. 국제 정세가 유다에 가장 우호적일 때 웃시야가 집권했다고 하면 맞는 말이기도 하다. 전두환 정권 때 우리나라 경제가 저금리, 저환율, 저유가라는 3저 현상으로 호황을 누린 것과 흡사하다. 하지만 성경은 웃시야가 '기이한 도우심'을 얻었다고 못 박고 있다. 이 세상의 주인이신 하나님께서 웃시야를 중심으로 세상을 움직이신 것이다.

그런데 나라가 강성해지자 문제가 생겼다. 웃시야가 교만에 빠져서 하나님 앞에 범죄했다. 여호와의 전에 들어가서 분향하려 한 것이다.

웃시야의 범죄에는 특이한 사실이 있다. 처음에는 하나님을 제대로 섬기다가 나중에 타락한 왕은 한둘이 아니었다. 솔로몬, 르호보암, 아사, 요아스, 아마샤가 다 그랬다. 그런데 웃시야는 우상을 섬기거나 성전을 무시한 것이 아니라 오히려 성전에 들어가는 것으로 범죄했다.

향단에 분향하는 것은 제사장 고유의 일이다. 그런데 웃시야가 그 일을 직접 했다. 제사장 아사랴가 만류했지만 오히려 노를 발했다.

지금까지 웃시야는 형통하고 강성한 길만 걸었다. 대외적으로는 나라의 위세를 떨쳤고 대내적으로는 부가 축적되었다. 정치, 군사, 경제, 사회적으로 모든 영역을 장악했다. 그러자 종교까지 관할하고 싶은 욕심이 생긴 것이다.

열심으로 교회를 섬기는 교인이 있다. 교회의 모든 일에 솔선한다. 헌금도 많이 하고 기도도 열심히 하고 성경도 열심히 읽고 봉사도 열심히 해서 누구도 그 열심을 따라갈 수 없다. 그렇다고 해도 목사 고유의 목회 사역에 간섭하는 것은 곤란하다. 신앙에 게으른 것만 하나님 보시기에 옳지 않은 것이 아니라 과도하게 나서는 것도 옳지 않다.

다윗이 성전을 짓겠다고 했을 때 하나님께서 불허하셨다. 그러면 안 되는 줄 알고 물러서는 것이 잘하는 일이다. "아닙니다. 하나님! 저에게 맡겨주십시오. 제가 솔로몬보다 더 잘할 수 있습니다."라고 강청하는 것은 신앙이 아니다. 만일 그렇게 한다면 신앙에 관심이 있는 것이 아니라 "저 사람이 성전을 지었다. 정말 대단한 사람이다!"라는 칭찬에 관심이 있는 것이다. 웃시야가 그런 잘못을 범했다. 모든 것을 자기 마음대로 하고 싶어 했고, 자기가 모든 영광을 누리고 싶어 했다. 결국 그 일로 인해서 문둥병에 걸리고 말았다.

문둥이가 된 웃시야는 왕위를 요담에게 물려주고 죽는 날까지 별궁에서 홀로 지내야 했다. 성경은 그 사실을 놓고 '웃시야가 문둥이가 되어 여호와의 전에서 끊어졌다'라고 말한다. 웃시야가 문둥이가 되었다는 말과 더불어 가장 먼저 나오는 말이 '여호와의 전에서 끊어졌다'는 말이다. 웃시야에게 내린 문둥병의 의미를 단적으로 보여준다.

각설하고, 하나님을 버리고 우상을 섬기는 것만 하나님에게서 끊어지는 것이 아니다. 하나님께서 정하신 법도를 어기는 것 또한 하나님과 관계없는 사람이나 범하는 소행이다. 겉으로 내세우는 것은 하나님의 영광일지라도 그 속셈이 그렇지 않기 때문이다.

하나님께서는 이것을 엄히 경고하신다. 우상을 섬기는 행위는 다른 설명이 없어도 범죄인 것을 누구나 다 안다. 하지만 웃시야의 범죄는 자칫 소홀히 다루면 흐지부지 넘어갈 우려가 있다. "잘해보려고 했는데 왜 그러느냐?"라는 변명을 하지 못하게 하기 위해서라도 엄하게 다스려야 한다.

교회에 분란을 일으키는 것은 아마샤형(型) 범죄가 아니라 웃시야형(型) 범죄다. 아마샤가 하나님을 섬기다가 우상을 섬긴 것은 어떤 사람이 교회에 다니다가 교회를 등진 경우에 해당한다. 자기 혼자 멸망 받으면 된다. 하지만 웃시야가 성전에서 분향한 것은 자기가 교회 주인 행세를 하는 것에 해당한다. 당연히 문둥병으로 다스려서 성전에서 끊어지게 해야 한다. 웃시야의 범죄를 보면서 하나님의 영광을 핑계로 자기의 영광을 과시하려는 것이 얼마나 극악한 범죄인지를 알아야 한다.

나는 목회를 하는 사람이다. 그러면 나의 가장 큰 관심이 무엇일까? 아마 '얼른 교회를 부흥시켜서 대형 교회를 만드는 것'이나 '죽도록 충성해서 많은 영혼을 구원하는 것' 등을 떠올릴 수 있을 것이다. 하지만 그렇지 않다. 나는 내가 예수를 잘 믿는 사람이 되는 것에 관심이 있다. 나는 목회를 잘해야 하는 사람이기 이전에 목회를 통해서 내 신앙이 자라야 하는 사람이다. 하나님께서는 이다음에 얼마나 큰 교회를 목회하다가 왔는지를 묻지 않으시고 내 성품이 얼마나 예수를 닮았는지를 물으실 것이다. 만약에 100만 명이 모이는 교회를 목회한다고 해도 그 과정에서 내가 하나님에게서 멀어진다면 무의미한 일이다.

그런 점에서 웃시야는 아쉬움이 남는다. 나라는 부강하게 되었는데 자신은 문둥이가 되었다. 하나님의 은혜로 모든 것을 받아 누리면서도 그의 인생은 문둥병으로 끝나고 말았다. 그의 부친 아마샤의 행적과 너무도 흡사하다. 사람은 자기 앞에서 일어났던 일로 인해서 아무런 교훈도 얻지 못할 만큼 우둔하다.

이스라엘 왕 **스가랴** ✡

웃시야가 남 왕국 유다를 다스리는 동안에 북 왕국 이스라엘은 무려 다섯 번이나 왕이 바뀐다. 웃시야가 유다 왕이 될 당시 이스라엘 왕이 여로보암 2세였는데 그가 죽은 다음에 모든 것이 엉망이 되고 말았다. 자연사한 왕이 드물 정도였다. 거의 다 변란으로 목숨을 잃는 바람에 재위 기간도 짧았고 정세도 불안했다. 국력도 급격히 쇠락했다. 여로보암 2세가 나라를 아무리 부강하게 만들었어도 하나님의 뜻에 기초한 것이 아닌 이상 별 수 없다. 모래 위에 지은 집은 비가 조금만 와도 무너지게 마련이다.

여로보암 2세를 이어 그 아들 스가랴가 왕이 되었다. 왕이 죽으면 아들이 왕위를 잇는 것이 당연하지만 이스라엘은 그렇지 않았다. 모반이 워낙 잦았기 때문이다. 스가랴 역시 6개월 만에 살룸의 모반으로 왕위에서 축출된다.

하나님께서 일찍이 예후에게 "네 자손이 이스라엘 왕위를 이어 4대를 지나리라"라고 말씀하셨다. 살룸이 스가랴를 축출하는 것으로 그 말씀이 성취된 것이다. 결국 스가랴는 남긴 업적은 아무것도 없이 '하나님 말씀은 과연 성취되는구나!'라는 사실만 확인시켜주었다. 문제는 하나님께서는 이처럼 하나님 말씀은 반드시 이루어진다는 사실을 다양한 사례로 알려주고 계신데도 정작 우리는 알기만 하고 하나님 말씀과 관계없이 살아가더라는 사실이다.

에이든 토저 목사가 그의 책 〈인간을 추구함〉에서 한 얘기가 생각난다. "사람은 떡에 관한 모든 것을 알면서도 굶주려 죽을 수 있다. 사람은 그리스도교의 역사적 사실들을 모두 아는 동안에도 영적으로 죽은 상태로 있을 수 있다."

이스라엘 왕 **살룸**   ✡

살룸은 스가랴를 밀어내고 왕이 된 사람이다. 이때 살룸은 스가랴를 백성 앞에서 죽였다. 공개 처형한 것이다. 쿠데타를 일으켰다는 얘기는 정통성이 없다는 뜻이다. 자기가 정통성 없이 왕이 되었다는 사실을 광고할 이유는 없다. 그런데 살룸이 그렇게 했다. 그렇게 하는 것이 집권하는데 도움이 되었다는 뜻이다. 스가랴가 그 정도로 신망을 잃은 왕이었음을 짐작할 수 있다.

그렇게 해서 집권한 살룸도 한 달 만에 므나헴한테 밀려나고 만다. 살룸은 스가랴를 향해서 "당신은 왕 자격이 없다!"고 말했을 것이다. 그런데 자기 역시 그런 말을 들을 수 있다는 사실을 생각하지 못했다. 살룸이 한 일이라고는 고작해야 모반을 일으켜서 왕위에 앉았다가 모반으로 쫓겨난 일뿐이다. 이 세상에 속한 것으로 힘을 삼는 사람은 자기보다 더 강한 힘을 만나면 쫓겨날 수밖에 없다.

이스라엘 왕 **므나헴** ✡

살룸을 재위 한 달 만에 밀어내고 왕위에 오른 므나헴은 상당히 포악한 사람이었다. 딥사를 정복했을 때의 일이다. 딥사 사람들이 얼른 항복하지 않았다는 이유로 아이 밴 부녀의 배를 갈랐다. 이방 나라를 정벌하면서 이런 일을 했어도 눈살이 찌푸려질 텐데 하물며 동족한테 이렇게 했다. 자기가 왕이 되면 자기가 다스려야 할 백성인데 그런 것은 안중에 없었다.

앗수르 왕 불이 쳐들어 왔다. 불은 디글랏빌레셀이라고도 한다. 불의 침공에 속수무책인 므나헴은 은 1,000달란트를 조공으로 바치는 것으로 위기를 모면한다. 1달란트가 6,000데나리온이고, 1데나리온은 노동자 하루 품삯이다. 은 1,000달란트면 600만 데나리온에 해당한다. 노동자 하루 품삯을 10만 원이라고 가정하면 무려 6,000억 원에 이른다. 자신의 정권 유지를 위해서 그만한 액수를 뇌물로 상납했다.

어차피 므나헴은 힘에 의존해서 왕위를 빼앗은 사람이다. 자기보다 더 큰 힘을 만나면 속수무책일 수밖에 없다. 뇌물을 상납해서라도 자신의 입지를 보장받는 것이 최선의 방책이었을 것이다.

6,000억이면 지금도 천문학적인 금액이다. 그런 금액을 마련하기 위해서 므나헴은 백성들을 쥐어짰다. 은 1,000달란트를 마련하기 위하여 각 사람에게 은 50세겔씩 빼앗았는데, 1세겔은 4데나리온이다. 요즘 화폐 가치로 환산하면 은 50세겔은 약 1,000만 원에 해당한다. 이렇게 해서 1,000달란트를 만들려면 6만 명에게서 강탈해야 한다.

므나헴은 이 정도로 학정을 베풀었다. 왕권을 찬탈할 때도 무고한 인명을 학살하더니 왕위에 있는 동안에도 백성들의 안녕, 질서에는 관심이 없었다. 그렇게 포악하게 나라를 다스린 탓이지 제법 오랜 기간 동안 왕위에 있었다. 다른 왕들이 6개월, 1개월, 2년 만에 왕위에서 내려왔는데 그는 10년 동안 왕위에 있었다. 아이 밴 부녀의 배를 가르고 백성들의 재산을 강제로 빼앗을 만큼 잔인하고 악랄한 사람이라면 정적이 될 만한 사람들은 전부 씨를 말렸을 테니, 얼마든지 가능한 일이다. 다른 모든 왕들은 모반으로 쫓겨났는데 그는 자연사했다. 이스라엘 말기의 복잡한 상황에서는 상당히 예외적인 일이다.

그러면 그가 잘했다는 뜻일까? 세상은 역시 그렇게 살아야 하는 것인가? 사람들이 흔히 쓰는 말 중에 마음에 들지 않는 말이 더러 있다. '잘산다', '못산다'는 말이 대표적이다. 어떤 사람이 잘사는 사람인가? 잘사는 것이 정말로 잘사는 것이려면 그 사람의 인격과 관계되어야 하는 것 아닐까? 그런데 돈만 많으면 잘산다고 한다. 아무리 파렴치하고 사회적인 지탄을 받아도 재산만 많으면 잘사는 사람이다. 못사는 것도 그렇다. 아무리 인격이 뛰어나고 성품이 훌륭해도 가난하면 못사는 사람이다. 도무지 말이 안 되는 것 같은데 세상에서는 말이 된다. 그러면 므나헴은 정말 잘산 사람이다.

정신 바짝 차려야 한다. 세상에서는 역시 돈이 최고이고 힘이 왕이다. 자기를 위해서라면 무엇이든지 한다. 우리가 그런 세상을 살고 있다.

이스라엘 왕 **브가히야**   ✡

므나헴에 이어 브가히야가 왕이 되었다. 그리고 재위 2년 만에 르말랴의 아들 베가에 의해 축출된다. 브가히야에 대해서 성경에 기록된 내용은 "여호와 보시기에 악을 행하여 이스라엘로 범죄케 한 느밧의 아들 여로보암의 죄에서 떠나지 않았다"는 내용과 "재위 2년 만에 르말랴의 아들 베가에 의해 죽임을 당했다"는 내용뿐이다.

베가가 반란을 일으킬 적에 동원한 군사가 50명이었다. 고작 50명으로 어떻게 쿠데타가 가능할까 싶지만 우리나라에도 비슷한 일이 있었다. 고려 무인집권시대에 경대승이 정중부를 죽이고 정권을 잡았는데, 그때 동원한 군사가 30여 명이었다. 국가 기강이 그만큼 문란했으니 가능한 일이다. 당시 이스라엘 왕궁도 그 정도로 엉망이었다. 브가히야는 여로보암의 죄를 따르기에 급급해서 왕실 경비조차도 제대로 신경 쓸 틈이 없었던 모양이다.

브가히야의 아버지 므나헴은 상당히 잔인한 왕이었다. 국력은 앗수르에 비할 바가 아니었지만 백성들을 쥐어짤 물리력은 있었으니 동원 가능한 군사가 제법 되었을 것이다. 그런 아버지를 이어 브가히야가 왕이 되었고, 2년 동안 다스렸다. 그런데 불과 50명의 군사를 이끈 베가한테 정권을 내주고 말았다는 사실이 놀라울 뿐이다. 이 모든 것이 죄에 따른 당연한 귀결이다. 므나헴은 브가히야한테 대체 무엇을 물려주었을까? 아니, 브가히야는 므나헴한테 무엇을 물려받았을까?

이스라엘 왕 **베가** ✡

브가히야를 이어 왕이 된 사람이 르말랴의 아들 베가다. 그가 브가히야를 죽이고 대신 왕위에 올랐다.

므나헴이 10년 동안 왕위에 있었을 뿐, 여로보암 2세 이후의 왕들은 계속된 정변으로 재위 기간이 극히 짧았다. 스가랴가 6개월, 살룸이 1개월, 브가히야가 2년이다. 그런데 베가는 호세아한테 왕위를 찬탈 당할 때까지 20년 동안 이스라엘을 다스렸다.

베가가 왕이 될 당시의 유다 왕은 요담이었고, 요담 다음에는 아하스였다. 요담은 상당한 선정을 베풀었지만 아하스는 딴판이었다. 아하스 왕 때 베가가 아람 왕 르신과 연합해서 유다를 침공했다. 그 전쟁에서 이스라엘이 크게 이겼다. 포로를 무려 20만이나 끌고 왔다.

선지자 오뎃이 그런 이스라엘을 책망한다. 승전국에서 패전국 백성을 노예로 부리는 것은 당시 관행이었다. 그런데 오뎃은 "유다에게 이런 일이 임한 것은 그들이 하나님 앞에 범죄했기 때문이다. 그런데 너희가 이제 유다 백성을 노예로 삼고자 하니 너희는 하나님 앞에 범죄함이 없다는 말이냐?"라고 준엄하게 꾸짖었다. 오뎃은 전쟁의 의미를 제대로 알고 있었다.

오뎃의 질책을 들은 이스라엘이 포로들을 돌려보냈다. 그냥 돌려보낸 것이 아니라 벗은 자에게는 옷을 입히고, 신발을 신기고, 음식을 먹이고, 물을 마시게 했다. 상처를 입은 자는 치료해 주고, 약한 자는 나귀에 태워서 돌려보냈다. 주님께서 맹인을 보게 하고 앉은뱅이를 걷게 하고 문둥이를 깨끗하게 하고 가난한 자에게 복음이 전파되게 하신 것이 생각난다.

본래 북 왕국 이스라엘은 하나님을 잘 섬기는 나라가 아니다. 남 왕국 유다에서는 하나님을 잘 섬기는 왕이 종종 나왔지만 북 왕국에서는 한 번도 그런 적이 없다. 그런 북 왕국에서도 이런 자비로운 모습이 나타났다.

하지만 오래 가지 못했다. 앗수르의 침공을 받아 국력이 크게 쇠잔하게 된 가운데 호세아가 정변을 일으켜서 베가를 몰아내고 새로운 왕이 되었다. 베가는 오뎃의 말을 듣고 유다의 포로들을 돌려보냈으면서도 유다에 왜 이런 재앙이 임했는지는 몰랐다는 뜻이다. 요컨대 베가는 유다 포로들을 돌려보내기만 할 것이 아니라 그들이 왜 포로로 전락했는지를 알아야 했다. 자기들의 군사력이 유다보다 강한 때문이라고 섣불리 단정할 것이 아니라 그 배후에 있는 하나님의 손길을 알아야 했다.

베가를 몰아내고 왕이 된 호세아가 이스라엘의 마지막 왕이다. 호세아는 망국의 왕이라는 수치가 기다리는 줄도 모르고 정권을 탐하여 반란을 일으킨 셈이다. 이것이 죄인 된 인간의 모습이다. 자기 앞날에 무엇이 기다리고 있는 줄도 모르고 자기 욕심을 추구한다. 자기가 탐내는 것이 어느 만큼 무익한 것인 줄 도무지 모른다.

이스라엘 왕들에게는 공통점이 있다. 서로가 서로를 죽이고 왕이 되었으면서도 이스라엘로 범죄하게 한 느밧의 아들 여로보암의 죄에서 떠난 사람은 아무도 없었다. 모든 왕의 행적을 얘기할 때마다 같은 표현이 반복된다. 결국 이스라엘은 망할 수밖에 없는 나라였다. 하나님께서 그토록 오래 기다리셨지만 단 한순간도 돌아오지 않았다.

유다 왕 **요담** ✡

웃시야를 이어 왕이 된 사람이 요담이다. 웃시야가 문둥병을 얻어 더 이상 나라를 다스릴 형편이 되지 않자, 요담이 대신해서 유다를 다스렸다. 성경은 "요담이 그의 아버지 웃시야의 모든 행위대로 여호와 보시기에 정직하게 행하였으나 여호와의 성전에는 들어가지 아니하였고 백성은 여전히 부패하였더라"라고 소개한다.

앞에서 웃시야를 얘기하면서도 아마샤의 모든 행위대로 여호와 보시기에 정직하게 행하였다고 하더니 요담을 얘기하면서도 같은 말을 한다. 웃시야의 모든 행위대로 여호와 보시기에 정직하게 행하였다는 것이다. 하나님께서는 아마샤의 좋은 점만 기억하시는 것처럼 웃시야도 그렇게 하신다는 뜻이다.

성경에 어느 정도 들은풍월이 있는 사람은 웃시야가 문둥병에 걸린 왕이라는 사실을 기억할 것이다. 우리가 아는 웃시야의 가장 큰 특징은 문둥병에 걸렸다는 사실이다. 하지만 하나님께서 기억하시는 웃시야의 가장 큰 특징은 '여호와 보시기에 정직하게 행한 사람'이다. 우리와 하나님의 현격한 시각 차이가 나타난다.

특히 성경은 요담이 여호와의 성전에는 들어가지 않았다는 사실을 밝히고 있다. 요담은 웃시야의 장점은 그대로 본받되 그의 실수는 답습하지 않았다. 참으로 바람직하다. 우리는 주변에 어떤 사람이 있든지 그 사람을 통해서 교훈을 얻을 수 있어야 한다. 우리 주변에 언제나 흠 없고 완벽한 사람만 있을 수는 없다.

예전에 수재의연금 납부 상황을 생중계한 적이 있다. 사람들이 길게 줄을 서서 수재의연금을 내는 것을 보며 누군가 빈정거렸다. "저게 뭐야? TV에 얼굴 한 번 비추려고 저렇게 해야 해?" 옆 사람이 물었다. "저 사람들은 잘난 척하는 맛으로라도 수재의연금 내잖아. 넌 얼마 냈어?"

주변에 틀린 사람이 있을 때 조심해야 한다. (수재의연금을 내는 것이 틀렸다는 얘기는 절대 아니다.) 그 사람을 흉보는 것으로 자기가 그보다 잘난 사람이 되는 것이 아니기 때문이다. 누군가 봉사를 하면서 생색낼 수 있다. 그러면 흉볼 것이 아니라 봉사만 하고 생색은 내지 않으면 된다. 그 사람을 흉보는 것으로 자기가 더 잘난 사람인 양 착각하면 안 된다.

요담이 그렇게 했다. 웃시야가 무엇을 잘못했는지 열심히 광고를 하는 것으로 상대적인 우월감을 즐기지 않고 그 사실을 교훈 삼아서 스스로 조심했다.

어쩌면 요담은 "웃시야의 모든 행위대로 여호와 보시기에 정직하게 행하였다"는 평가가 불만스러웠을 수 있다. 웃시야에게 있는 결점이 자기한테는 없기 때문이다. 중학교 1학년 때의 일이다. 담임선생님이 옆 반 선생님한테 나를 소개하면서 '그 반의 아무개만큼 공부를 잘 한다'고 했다. 어린 마음에 내심 서운했다. 그 아무개라는 학생보다 내 성적이 더 나았기 때문이다. 세상에서는 이런 것이 작용한다. 부정적인 얘기를 들었을 때만 서운한 것이 아니라 자기가 기대한 만큼 칭찬을 듣지 못해도 서운하다.

하지만 교회에 이런 폐단이 있는 것은 유감이다. 교회는 누가 더 잘 났는지를 따질 이유가 없는 곳이다. 하나님 보시기에 옳아야 하기 때문이다. 만일 요담이 자기 스스로 웃시야보다 잘난 사람이라고 생각했다면 세리를 업신여긴 바리새인 격이 된다.

그런데 웃시야의 장점은 본받고 단점은 멀리한 요담의 행적을 소개하면서 덧붙여서 나오는 얘기가 별로 마음에 들지 않는다. 요담이 그렇게 했음에도 불구하고 '…백성은 여전히 부패하였더라'라는 말이 추가되어 있기 때문이다.

기독교가 우리나라에 전래된 이후로 지난 문민정부 때만큼 위정자를 위한 기도를 열심히 했던 때는 없을 것이다. "믿는 사람으로 대통령을 삼아주시니 감사드립니다", "장로 대통령에게 솔로몬의 지혜를 주셔서…" 같은 기도를 한두 번 들은 것이 아니다. 하지만 신앙생활은 하나님과 자기의 1:1

관계에서 이루어진다. 믿는 사람이 대통령이라고 해서 거기에 편승하는 법은 없다.

요담 당시 유다 백성들이 그랬다. 요담은 분명히 하나님 앞에 정직한 왕이었다. 하지만 요담이 아무리 하나님 앞에 정직하다고 해도 백성들이 거기에 덤으로 묻어갈 수 있는 것은 아니다. 요담이 어떤 사람이냐에 관계없이 백성들은 각자 하나님을 섬겨야 했다.

어느 교회에서나 '좋은 목사'를 찾는다. 좋은 목사를 찾는 것 자체가 문제가 될 수는 없다. 하지만 교인들의 책임은 좋은 목사를 모시는 것이 아니라 자기들이 좋은 신자가 되는 것이다. 그런 점에서 당시 유다 백성들은 빵점이었다. 요담 치세에는 나라가 부강했는데 아하스가 왕이 되자마자 급격히 국운이 쇠한 배경에는 유다 백성들에게 만연한 범죄가 있었다.

유다 왕 **아하스** ✡

요담을 이은 아하스는 유다에서 대표적으로 악한 왕으로 꼽힌다. 지금까지 나왔던 왕들은 잘한 일도 있고 못한 일도 있었는데 아하스는 그렇지 않았다.

아하스는 유다 왕이었으면서도 오히려 이스라엘 왕들과 더 유사한 행태를 보였다. 바알 우상을 부어 만들고 힌놈의 아들 골짜기에서 분향하고 하나님께서 쫓아내신 이방 족속의 풍습을 본받아 자녀를 불사르기도 하고 산당과 작은 산 위에서와 모든 푸른 나무 아래에서 제사를 지냈다.

하나님께서 쫓아내신 이방 족속의 풍습을 본받았다는 말이 무슨 뜻인가? 자기도 쫓겨나야 한다는 뜻이다. 가나안 족속이 돌이킬 수 없을 만큼 부패했을 때 하나님께서 그들을 쫓아내셨으니, 아하스가 가나안 족속의 소행을 답습하면 하나님께서는 아하스도 역시 쫓아내야 한다. 그것이 하나님의 공의이다.

또 산당과 작은 산 위에서와 모든 푸른 나무 아래에서 제사를 지냈다는 것이 무슨 뜻인가? 어지간한 목회자들은 경치가 좋고 조용한 곳에 가면 "야, 여기 우리 교회 기도원 지었으면 좋겠다!"라는 생각을 할 것이다. 아하스에게도 같은 생각이 있었다. 적당한 곳만 보이면 거기에서 우상 앞에 제사를 지냈다. 우상을 섬기는 일로 늘 마음이 골똘했다. 심지어 자기 아들을 이방 신 몰록에게 제물로 바치기도 했다. 그런 아하스 왕 때 아람 왕 르신과 이스라엘 왕 베가가 연합하여 유다를 침공했다.

당시 중근동의 패자는 앗수르였다. 앗수르에 대항하기 위해서 아람과 이스라엘이 연합했고, 유다한테도 동참을 권했다. 그런데 유다가 거부하자, 유다를 무너뜨리고 자기들과 연합할 반 앗수르 정권을 세우려고 한 것이다.

아람 왕 르신은 먼저 엘랏을 정복했다. 엘랏은 홍해에 면한 항구 도시로, 웃시야가 건축했다. 항구 도시인 만큼 경제적인 가치가 높을 것은 자명하다.

성경에는 웃시야의 행적에 대한 구체적인 설명이 없다. 처음에는 하나님 보시기에 의롭게 나라를 다스렸지만 나중에는 교만에 빠져서 문둥병에 걸렸다는 얘기가 있을 뿐인데, 그런 중에도 엘랏을 건축했다는 얘기는 있다. 엘랏이 그만큼 중요한 도시였다. 그런 엘랏을 빼앗겼다.

웃시야는 비록 문둥병에 걸려 죽기는 했지만 비교적 선한 왕으로 꼽히는 사람이다. 웃시야를 이은 요담도 그렇다. 그런데 아하스는 달랐다. 그는 유다에서 대표적으로 악한 왕으로 꼽힌다. 그의 본질적인 문제는 선왕이 건축한 도시를 빼앗겼다는 사실이 아니라 신앙을 잃어버렸다는 사실이었다. 신앙을 잃어버린 마당에 무엇인들 잃어버리지 않을 수 있겠는가?

아람이 본격적으로 침공했을 때 유다는 불과 하루 사이에 용사 12만 명이 죽는 엄청난 피해를 입었다. 또 왕자와 고관대작들도 죽었다. 나중에 선지자 오뎃에 의해 돌아오기는 했지만 이스라엘에 무려 20만이나 되는 포로가 끌려가는 일도 있었다. 나라가 그만큼 풍전등화의 위기에 몰렸다. 요담이 왕위에 있는 동안에 축적된 힘이 아무 소용없었다. 아람 왕 르신과 이스라엘 왕 베가의 힘이 막강했다는 뜻이 아니다. 아하스의 배도가 그 정도로 엄청난 결과를 초래했다는 뜻이다. 나중에는 에돔과 블레셋이 침입하기도 했다. 에돔은 오랫동안 유다의 속국이었다. 블레셋도 다윗 이후로 별로 힘을 쓰지 못했다. 그런 나라들이 유다를 침공한 것이다.

유다가 이처럼 이방 족속한테 시달리는 이유는 하나님께 범죄했기 때문이다. 아하스는 당연히 하나님 앞에 바로 서야 했다. 그런데 엉뚱하게도 앗수르를 떠올렸다. 성전과 왕궁 곳간에 있는 은금을 앗수르 왕에게 예물로 보내어 도움을 구했다. 집을 나간 탕자가 생활이 곤핍해졌는데도 집에 돌아갈 생각은 하지 않고 날품팔이를 할 수 있는 곳을 열심히 알아보는 형국이다.

하지만 이런 사실을 모르는 아하스로서는 나름대로 현명한 선택이었을 수 있다. 당시 앗수르는 디글랏빌레셀의 영도 아래 주변의 모든 나라들을 차례로 굴복시키며 대제국을 이루는 중이었다. 이런 국제 정세를 감안하면 앗수르와 화친을 맺는 것은 가장 합리적인 선택이다. 문제는 주로 하나님을 모르는 사람들이 이런 발상을 한다는 사실이다.

아하스의 요청을 받은 앗수르가 아람을 공격해서 르신을 죽이고 아람을 멸망시켰다. 아람이 아예 역사 속에서 사라져버렸다. 아람의 멸망을 보는 아하스는 무척이나 뿌듯했을 것이다. 앗수르의 도움을 구하기를 백번 잘했다고 생각했을 것이다.

앗수르가 아람을 정벌한 다음의 일이다. 아하스가 앗수르 왕을 알현하기 위해서 다메섹으로 갔다. 예루살렘에서 아람의 수도인 다메섹까지는 대략 240km이다. 서울에서 광주까지가 260km인데, 그 먼 거리를 간 것이다. 교통도 원활하지 않은 그 옛날에 240km를 여행하는 것은 보통 일이 아니지만 군대를 일으켜서 나라를 보존하게 해준 은공에 답례하려면 별 수 없다. 이런 정성으로 진작 하나님을 찾았으면 얼마나 좋았을까?

다메섹에 간 아하스가 본 것이 있다. 앗수르 사람들이 섬기는 제단이다. 하나님은 장소의 구애를 받지 않지만 이방 사람들한테는 공간 제약을 받지 않는 신의 개념이 없었다. 신을 섬기기 위해서 자기들이 가는 곳마다 제단을 가지고 다녀야 했다.

그것을 보는 순간 아하스가 엉뚱한 생각을 했다. "그렇구나! 앗수르가 부강한 이유가 여기에 있구나. 나도 앞으로는 이런 제단을 만들어서 신을 섬겨야지." 하는 생각을 한 것이다. 그래서 제단의 구조와 모양을 그려서 제사장 우리야에게 보냈다.

우리야도 가관이었다. 아무리 왕의 명령이라고 해도 들을 말과 듣지 말아야 할 말을 구분해야 할 텐데 그런 식견이 없었다. 아하스의 얘기에 어느 만큼 신속하게 반응했는지, 아하스가 돌아오기도 전에 모든 것을 완성했다. 왕도 그렇고, 제사장도 그렇고 총체적인 난국이다.

이렇게 해서 여호와의 성전에 우상을 섬기는 제단이 들어서는 엄청난 사건이 벌어진다. 성전에 들어서면 가장 먼저 보이는 것이 번제단이다. 거기에서 제물이 불에 탈 때마다 하나님의 사죄 은총이 선포되곤 했다. 그 단이 앗수르에서 들여온 단 때문에 한쪽 구석으로 밀려나고 만다. 이때 아하스는 자기가 하나님을 외면하는 것으로 생각했을 것이다. 자기가 하나님께 외면당하게 되는 줄 꿈에도 몰랐을 것이다.

호세아가 이스라엘 마지막 왕이다. 타락을 거듭하던 북 왕국 이스라엘이 호세아 왕 때 앗수르에 의해 망하게 된다. 주전 722년의 일이다.

그렇다고 해서 호세아가 이스라엘 역사상 가장 악한 왕이었다는 뜻은 아니다. 성경은 호세아에 대해서 "여호와께서 보시기에 악을 행하였으나 다만 그전 이스라엘 여러 왕들과 같이 하지는 아니하였더라"라고 한다. 호세아가 비록 악한 왕이었지만 악한 정도만을 놓고 얘기하면 다른 왕들보다는 그나마 나았다. 구체적으로 어떤 면이 나았는지는 모르지만 성경이 그렇게 인정한다. 그런데 왜 하필 호세아 때 망했을까?

호세아로서는 억울할 수 있다. 하지만 하나님께서 하시는 일이다. 하나님께서 하시는 일에 우리가 이해할 수 없는 일은 있어도 틀린 일은 있을 수 없다. 어쨌든 호세아가 하나님 보시기에 악했던 왕인 것이 사실이다. 하나님 앞에서 더 악했던 다른 왕들의 시대에 나라가 망하지 않았다고 해서 그들이 호세아에 비해서 더 나은 대접을 받은 것이 아니라는 사실이 어떻게 설명될지 모르겠지만 하나님께는 그런 경륜이 있을 것이다.

지난 2014년에 세월호 참사가 있었다. 그 어린 학생들이 왜 그렇게 고통스럽게 죽어야 했는지 우리는 모른다. 하지만 그들이 살아남은 사람들에 비해서 하나님께 더 못한 대접을 받은 것은 아니다. 그때 죽은 사람이라고 해서 특별히 저주를 받은 것도 아니고 살아남은 사람이라고 해서 남다른 은총을 입은 것도 아니다. 하나님께서는 어느 누구도 특별대접을 하거나 박대를 하지 않으신다. 거기에는 모든 사람이 승복할 수밖에 없는 하나님의 경륜이 있을 것이다. 우리가 지금은 몰라도 이다음에는 알게 될 것이다.

호세아는 처음에 친 앗수르 정책을 쓰다가 나중에 친 애굽 정책을 썼다. 그 일로 앗수르의 침공을 받게 된다. 당시 앗수르는 세계 최강대국이었다. 이스라엘로서는 당해낼 재간이 없었다. 결국 3년을 버티다가 망하고 만다. 호세아는 포로의 몸이 되어 앗수르에 끌려갔고 수많은 이스라엘 사람들도 같은 신세가 되었다.

세속적인 안목으로 보면 이스라엘이 망한 이유는 앗수르보다 국력이 약했기 때문이다. 혹은 외교 정책이 실패했기 때문일 수도 있다. 무리하게 친 애굽 정책을 쓸 것이 아니라 친 앗수르 정책을 썼으면 괜찮았을 수 있었기 때문이다.

그런데 성경은 이스라엘 자손이 여로보암의 죄를 떠나지 않아서 망했다

고 한다. 정치, 군사, 외교 정책에 문제가 있었던 탓이 아니라 하나님과의
관계가 무너져서 망했다는 것이다.

본래 가나안에는 가나안 원주민이 살고 있었다. 그런데 하나님께서 애굽
의 노예로 있던 이스라엘을 구원하셔서 그들로 하여금 가나안 땅에 들어가
살도록 하셨다. 하나님께서 일방적으로 이스라엘을 편애하셔서 자기들끼
리 평화롭게 살고 있던 무고한 가나안 원주민을 내쫓은 것이 아니다. 홍수
를 도구로 노아 시대의 세상을 심판하시고 유황불을 도구 삼아서 소돔과
고모라를 심판하셨던 것처럼 이스라엘을 도구로 죄악이 관영한 가나안 원
주민들을 심판하신 것이다.

그런데 가나안 땅에 들어가 살게 된 이스라엘이 가나안 원주민들 삶을
그대로 답습했으니 자기들이 가나안 원주민을 몰아냈던 것처럼 자기들도
역시 쫓겨날 수밖에 없다. 하나님은 공의로운 분이기 때문이다.

이스라엘이 의도적으로 하나님을 능멸한 것이 아니다. "하나님께서는 우
상을 섬기지 말라고 했지만 하나님이 우리와 무슨 상관이 있단 말이냐? 하
나님 눈치 보지 말고 우리 하고 싶은 대로 하자." 하는 마음으로 하나님 말
씀을 어기지는 않았다. 단지 그렇게 해도 되는 줄 알았다. 요컨대 자기들이
얼마나 잘못하는지 몰랐다. 자기들은 괜찮은 줄 알았겠지만 하나님께서는
그토록 격노하셨다.

우리에게도 같은 폐단이 있을 수 있다. 우리는 대수롭지 않게 생각하는데
하나님께서는 심각하게 눈여겨보시는 것이 얼마든지 있을 수 있다. 신앙의

기준은 우리가 아니라 하나님이라는 사실을 늘 명심해야 한다. 우리 생각에 괜찮은 것이 괜찮은 것이 아니라 하나님께서 괜찮다고 하셔야 괜찮은 것이다.

이렇게 해서 이스라엘이라는 나라가 아예 사라지고 만다.

유다 왕 **히스기야** ✡

아하스에 이어 히스기야가 유다 왕이 된다. 아하스 당시 유다 정국은 무척이나 암울했다. 아람과 이스라엘의 침공이 있었고, 에돔과 블레셋한테도 시달렸다. 그런 상황에서 왕이 되었으면 민생을 안정시켜서 정치적인 기반을 다지는데 주력하는 게 정상이다.

히스기야가 가장 먼저 착수한 일은 성전을 정결하게 하는 일이었다. 히스기야는 유다가 당한 환난과 치욕의 원인을 제대로 알고 있었다. 유다의 정치력이나 군사력이 문제가 아니라 하나님과의 관계가 문제였다.

누가복음 15장에 탕자의 비유가 나온다. 집을 나간 탕자가 돼지가 먹는 쥐엄열매조차 없어서 못 먹을 만큼 궁핍한 생활을 한 것은 친구를 잘못 만나서 돈을 흥청망청 써버린 탓도 아니고 창기의 꼬임에 넘어간 탓도 아니다. 흉년을 만났기 때문도 아니다. 아버지 집을 떠난 것이 본질적인 이유였다. 탕자가 곤궁한 현실에서 벗어나기 위해서는 근면, 성실하게 살아야 했던 것이 아니라 아버지 집으로 돌아가야 했던 것처럼 유다도 그렇다. 경제 개발 5개년 계획을 세우고 새마을운동을 일으켜서 부국강병을 이룩하려고 애쓰기 이전에 하나님과의 관계를 바로 정립해야 했다.

이때 히스기야는 산당을 제하고 주상을 깨뜨리고 아세라 목상을 찍은 외에 놋뱀을 부쉈다. 일찍이 광야에서 이스라엘이 하나님을 원망했을 적에 하나님께서 불뱀으로 징계하신 적이 있다. 불뱀에게 물린 사람마다 죽어가자 사람들이 모세에게 탄원했고, 하나님은 모세에게 놋뱀을 만들어서 장대 위에 달라고 하셨다. 놋뱀을 본 자마다 살아난다는 것이다.

그런데 어처구니없는 일이 벌어졌다. 놋뱀을 본 자마다 살아나는 하나님의 은혜를 체험한 이스라엘이 언젠가부터 놋뱀을 우상으로 섬기는 작태를 벌인 것이다. 히스기야가 그것을 부수고는 느후스단이라고 이름 지었다. 놋 조각이라는 뜻이다.

아닌 게 아니라 놋뱀은 느후스단에 불과하다. 하나님께서 그것을 통해서 은혜를 베풀었다고 해서 그것이 곧 찬양과 경배의 대상이 될 수는 없다. 그런데 인간은 그만큼 무지하다. '하나님께서 베푸신 은혜'와 '은혜를 베푸신 하나님'을 구분할 줄 모른다. 어차피 하나님을 섬기는 것이 목적이 아니라 불뱀에게 물려 죽게 된 처지를 모면하는 것이 목적이었으니 당연한 귀결일 수 있다. 하나님께 나와서 기도할 때마다 '돈' '돈'하고 돈만 찾다가 돈이 생긴 다음부터는 하나님은 잊은 채 돈을 섬기는 것이 인간의 본성이다.

출애굽 시대의 유물인 놋뱀이 그 후에 한 번도 언급되지 않다가 히스기야 때에 다시 나오는 것을 보면 히스기야가 부쉈다는 놋뱀이 모세가 광야에서 만든 그 놋뱀은 아닐 것이다. 그렇다면 고약한 상상이 가능하게 된다. 하나님의 징계로 기근이나 전쟁, 전염병이 있을 적에 그런 일이 왜 생겼는지를 알아서 하나님께 돌아온 것이 아니라 "옛날 우리 조상들은 광야에서 이런 걸 만들어서 빌었다고 하더라"라고 해서 놋뱀을 만들었다는 뜻이기 때문이다. 사람은 하나님의 징계를 받으면서도 하나님께 돌아오기를 싫어해서 오히려 하나님께서 싫어하시는 일을 할 만큼 죄인이다.

히스기야가 그다음에 한 일은 유월절을 지키는 일이었다. 유월절은 하나님의 은혜로 구원 얻은 것을 기념하는 절기다. 성전을 정결하게 한 다음에 가장 먼저 확인한 것이 자기들은 구원 얻은 하나님의 백성이라는 사실이었다.

모든 일에는 기초가 튼튼해야 한다. 신앙생활도 그렇다. "나는 구원 얻은 하나님의 백성이다"라는 인식이 항상 있어야 한다. 희생하고 헌신하고 봉사하고 충성하는 것은 그다음 일이다. 먼저 구원 확신이 있어야 헌신도 할 수 있고 봉사도 할 수 있다는 뜻이 아니다. 무엇을 하든지 "나는 하나님의 은혜로 구원 얻은 사람이다"라는 인식 아래 해야 한다는 뜻이다. 우리가 헌신하고 봉사해야 하는 이유는 하나님께서 우리를 구원하셨기 때문이다. 〈예수라면 어떻게 할 것인가?〉라는 찰스 쉘던의 책 제목처럼 "구원 얻은 사람은 이런 경우에 어떻게 해야 하는가?"라는 질문이 항상 있어야 한다.

이때 히스기야는 전국으로 보발꾼을 보내어 유월절 참여를 호소했다. 유다는 물론이고 나라가 망한 북 왕국 유민들한테도 유월절 소식을 알렸다. 그런 보발꾼들을 조롱하는 사람도 있었고 청종하는 사람도 있었다.

보발꾼을 조롱한 사람들이 어떤 사람들인가? 그들은 나라를 잃은 난민들이다. 계속되는 경고에도 불구하고 하나님을 떠나 살더니 그 죗값으로 나라를 잃고 말았다. 그런 처지에 있으면서 하나님의 초청을 거부한 정도가 아니라 아예 멸시했다. 하나님을 거역하기로 작정한 인간의 죄악은 도무지 끝 간 데가 없다.

대대적인 유월절 행사를 마친 다음에 착수한 일은 전국에 있는 우상을 부순 일이다. 예루살렘에 모여서 유월절을 지킨 백성들이 그냥 집에 돌아간 것이 아니라 사방에 있는 우상을 부순 다음에 돌아갔다.

유월절을 지켰다는 얘기는 자기들이 구원 얻은 하나님의 백성이라는 사실을 확인했다는 뜻이다. 그러면 주변에 있는 우상은 당연히 부숴야 한다. 유월절을 지켰으면서도 우상을 용납한다면 그들이 지킨 유월절은 한낱 종교 유희에 불과하게 된다.

〈이기적 유전자〉, 〈만들어진 신〉 등을 쓴 리처드 도킨스는 대표적인 무신론 학자이다. 마치 기독교를 배격하기 위해서 태어나기라도 한 것처럼 기독교에 공격적이다. 그런데 자기 스스로를 문화적인 크리스천이라고 한다. 아침에 샤워할 때 찬송가를 부르기도 한다는 것이다.

유월절은 지켰으면서 우상은 용납하는 사람이 있다면 그 역시 문화적인 크리스천일 수 있다. 찬송가는 부르면서도 그 찬송가가 무슨 뜻인지 관심 없는 것처럼 남들이 유월절을 지키니 같이 지키기는 했지만 그것이 무슨 의미인지는 알 바 아니다. 그냥 남들 따라서 했을 뿐이다.

이어서 히스기야는 제사장과 레위인의 직분을 정비하고 제사 제도를 회복했다. 본래 제사장과 레위인의 직무는 다윗 시대에 제정되었다. 하지만 히스기야 시대까지 계속 유지되지는 않았을 것이다. 중간에 우상에게 미혹된 왕도 있었고 특히 아달랴나 아하스는 우상 숭배에 상당히 극성이기도 했다. 성전 유지에 필요한 전반적인 제도가 지켜졌을 리 없다.

신앙은 일회적인 운동이 아니다. 성전을 정결하게 하고 유월절을 선포한 것이 아무리 큰 공로라고 해도 잠깐 반짝하는 것이 되지 않으려면 제반 종교 제도를 바로잡아야 한다. 히스기야가 그 작업을 했다. 제사장과 레위인의 직무를 정하고 그들에게 돌아가는 음식이 제대로 지급되게 했다. 백성들이 제사장과 레위인들의 생활을 책임지는 이유는 율법에 충실할 수 있도록 하기 위해서다. 제사장과 레위인이 생계 문제에 신경을 쓰면 그만큼 율법에 충실할 수 없게 되고, 그것은 곧 백성들의 손해로 귀결된다.

율법에 정한 대로 십일조를 해서 제사장과 레위인의 생활을 보장하라는 히스기야의 명령이 내려지자, 백성들이 일사불란하게 움직였다. 하나님을 향한 히스기야의 열심이 효과가 있으려면 히스기야 혼자 열심을 부리는 것으로는 안 된다. "히스기야가 어떤 명령을 내리느냐?"보다 "백성들이 어떻게 반응하느냐?"가 더 중요하다. 히스기야 시대에 유다가 하나님 앞에 바로 선 것은 히스기야 혼자만의 일이 아니라 유다 전체의 일이었다.

그렇게 가져온 예물은 제사장과 레위인의 음식을 충당하고도 남았다. 백성들이 가져온 예물이 그만큼 넉넉했다. 이때 백성들은 힘에 지나는 예물을 가져온 것이 아니었다. 자기들의 정당한 십일조를 가져왔는데 그렇게 되었다.

교회에서 행사를 할 때마다 항상 예산 문제가 걸린다. 교회에서는 당연하게 여기기도 한다. 하지만 절대 당연한 일이 아니다. 예산이 없는 것은 돈이 없는 것이 아니라 신앙이 없는 것이다. 헌금을 제대로 하지 않고 있다는 뜻이기 때문이다. 교회가 예산 문제에 시달리지 않기 위해서는 누군가 집을 팔고 금이빨을 빼서 헌금해야 하는 것이 아니다. 헌금을 정상적으로 하는 것으로 충분하다. 그것으로 교회의 모든 필요를 채우고도 남는다. 단적인 예로 열 가정이 십일조를 하면 한 가정 생활비가 마련된다. 백 가정으로 구성된 교회라면 교역자 열 명도 둘 수 있다. 하지만 교역자는 두세 명이면 족하다. 헌금을 정상적으로 하면 모든 예산은 넉넉하게 마련이다.

히스기야는 그야말로 하나님께 충성된 사람이었다. 성전을 정결하게 하고 대대적으로 유월절을 지키고 전국 각지의 우상을 부수고 제사 제도를 정비했다. 나라도 물론 부강하게 되었다. 이런 히스기야한테 또 어떤 일이 있어야 할까?

사람들은 종교적인 열심을 부리면 이로운 일이 있을 것이라는 기대를 한다. 마찬가지로 어려움이 있는 이유는 종교적으로 태만했기 때문이라고 생각한다. 만일 그렇다면 히스기야는 아무 걱정 없이 잘 먹고 잘살아야 한다. 그런데 전혀 엉뚱한 일이 벌어진다. 앗수르가 침공한 것이다. 당시 앗수르는 아람과 이스라엘을 멸망시킨 강대국이었다.

안타깝게도 히스기야한테는 앗수르를 감당할 능력이 없었다. 지금까지 히스기야가 보여준 면모를 감안하면 오직 하나님만 의뢰하는 마음으로 담대하게 앗수르를 상대했으면 좋았을 것 같은데 그렇지를 못했다. 이사야 선지자가 하나님을 신뢰하는 마음으로 앗수르와 싸우라고 했지만 히스기야는 은 300달란트와 금 30달란트를 공물로 내고 화친하는 쪽을 택했다.

신앙은 단순하지 않다. 어금니 깨물고 모질게 마음먹으면 뭐든지 할 수 있을 것 같지만 현실은 그렇지 않다. 지금까지 하나님을 향해 그토록 정성을 기울였던 히스기야의 충성이 앗수르의 위세 앞에 허무하게 무너지고 말았다. 히스기야는 하나님을 의뢰하는 법을 더 배워야 했다.

지금까지 히스기야가 기울인 모든 열심은 종교 영역에 해당하는 문제들이었다. 세워져 있는 우상을 부수는 것과 앗수르의 창칼 앞에서 의연한 것은 별개의 문제일 수 있다. 하나님만 참신인 줄 알아서 성전을 정결하게 하고 제사 제도를 정비했으면 같은 마음으로 앗수르를 대적해야 했는데 그 부분이 아쉬웠다. 새벽예배에 늘 개근하고 꼬박꼬박 십일조하고 교회 봉사 열심히 하면서도 세상을 살아가는 문제에서는 세속적인 해결책을 찾는 사람이 있는 것처럼 히스기야도 그랬다.

이때 앗수르는 한 번만 쳐들어온 것이 아니었다. 히스기야로 하여금 성전과 왕궁 곳간에 있는 은을 다 내어주고 심지어는 성전 문의 금과 기둥에 입혔던 금까지 다 벗겨내게 만든 앗수르가 또 쳐들어왔다. 이 세상과 타협하는 것은 무의미하다는 사실을 단적으로 보여준다. 이 세상은 우리를 완전히 자기 수하에 두기까지 절대 만족하지 않는다.

사회생활을 할 때 가장 먼저 걸리는 문제가 술이다. 특히 우리나라 음주 문화는 다분히 고약하다. 옆 사람이 술을 마시지 않는 꼴을 못 보는 사람이 늘 있다. 강권하는 술을 거부하는 것은 참 성가신 일이다. 아무리 마시지 않는다고 해도 막무가내로 권한다. 계속 거부하면 으레 하는 말이 있다. "야! 딱 한 잔만 마셔. 딱 한 잔만 마시면 더 이상 마시라고 안 할게." 그 말이 정말일까? 그 말에 속아서 한 잔 마시는 순간, 그것으로 끝이다. 그다음에는 "방금 잘만 마셔놓고 왜 그래?"라는 말을 들을 차례다. 한 잔은 절대 한 잔으로 끝나지 않는다.

하지만 달리 생각하면 앗수르가 다시 쳐들어온 것은 히스기야에게 '재시험'과 같은 기회이기도 하다. 앗수르가 또 쳐들어오지 않았으면 히스기야가 자기 잘못을 어느 만큼 뉘우쳤는지 확인할 방법이 없기 때문이다.

히스기야는 우선 기혼 샘물을 성안으로 끌어들여서 물을 확보하는 한편 퇴락한 성을 중수하고 망대를 높이 쌓았다. 예루살렘은 고지대이기 때문에 전쟁이 나면 항상 물이 문제였다. 히스기야가 무려 540m에 이르는 지하 터널을 뚫어 그 문제를 해결했다. 또 하나님께서 함께하시기 때문에 얼마든지 앗수르를 이길 수 있다고 하며 백성들의 용기를 북돋았다. 당연한 말이다. 그들이 진정 두려워해야 할 것은 앗수르의 군사력이 아니라 하나님 눈밖에 나는 것 한 가지였다.

예루살렘성을 포위한 앗수르가 계속 항복을 종용했지만 히스기야는 거기에 마음을 빼앗기지 않고 이사야와 더불어 기도했다. 한때는 앗수르를 두려워했지만 이번에는 하나님만 두려워하기로 작정했다. 하나님께서는 천사를 보내어 앗수르의 군대를 물리치셨다. 앗수르 군대 18만 5천이 하룻밤에 다 죽었다. 헤로도토스의 〈역사〉에 따르면 이때 앗수르 군사가 페스트로 죽었다고 한다. 모든 나라가 앗수르의 위협 앞에 전전긍긍하고 있는데 유다가 앗수르를 이겼으니 주변에서 히스기야를 우러러 볼 것은 당연한 일이었다.

이즈음에 히스기야에게 닥친 일은 앗수르의 침공만이 아니었다. 히스기야의 몸에 중한 병이 들었다. 이사야한테서 더 이상 살지 못할 것이라는 얘기도 들었다. 앗수르에 의해 예루살렘이 포위된 국가 위기 상황에서 죽을병에 걸렸으니 그야말로 내우외환이다.

히스기야가 하나님께 부르짖었다. 그렇다고 해서 "하나님, 저는 죽기 싫습니다. 오래 살게 해주십시오"라고 기도한 것이 아니다. 이때 히스기야는 15년 생명이 연장되는데, 히스기야를 이어 왕이 된 므낫세가 열두 살에 왕위에 올랐다. 히스기야가 병들었을 때는 므낫세가 태어나기 전이었다는 뜻이다.

일찍이 하나님께서는 다윗의 등불을 끄지 않겠다고 하셨다. 그 언약을 이루기 위해서라도 히스기야의 생명은 보존되어야 했다. 결국 히스기야의 기도는 "하나님, 살려주십시오. 벌써 죽기는 억울합니다"라는 개인적인 문제가 아니라 하나님의 나라와 궤를 같이 하는 문제였다.

하나님께서는 히스기야에게 치유의 은총을 허락하셨다. 이사야에게 그 얘기를 들은 히스기야가 하나님께서 자기 병을 낫게 하실 징표가 있느냐고 물었다. 그러자 이사야는 해 그림자가 10도를 나아가게 하든지 혹은 10도를 뒤로 물러가게 하든지 양자택일을 하라고 했다. 히스기야는 뒤로 물러나는 쪽을 택했고 그 말대로 되었다. 해시계에 비친 그림자가 10도를 뒤로 물러난 것이다.

해 그림자가 뒤로 물러나는 일이 어떻게 가능한지는 모른다. 우리가 가진 상식으로는 지구의 자전 궤도와 공전 궤도에 변동이 생겨야 한다. 하지만 모든 것은 하나님께 속한 일이다. 하나님은 우리 한 사람을 위해서라도 얼마든지 지구와 태양을 움직이시는 분이다.

좋은 일이 있었다고 해서 항상 좋은 일로만 끝나지 않는다. 히스기야는 죽음 직전에서 생명을 15년 연장되는 은혜를 입었지만 이 일이 도리어 화근이 되기도 했다.

히스기야가 죽을병에 걸렸다가 기적적으로 살아났다는 얘기를 들은 바벨론 왕이 축하 사절단을 보내왔다. 이 내용을 이해하려면 당시의 국제 정세를 알아야 한다. 바벨론은 한때 앗수르의 속국이었다. 유다 역시 앗수르의 위협에 놓여있기는 매일반이었다. 강대국의 눈치를 보는 약소국끼리는 힘을 모을 필요가 있다. 특히 히스기야는 하나님의 의해서 생명을 연장 받은 후 국제적인 위상이 크게 상승하기도 했다.

유감스럽게도 그것이 그만 교만으로 연결되었다. 자기를 찾아온 바벨론 축하 사절단에게 자기 보물고의 금은과 향품과 군기고와 창고에 있는 것을 자랑했다. 그러고는 '자기에게 있는 모든 것'을 보여주었다고 했다.

이 얘기는 단순하지 않다. 하나님을 빼놓고 자기를 설명할 수 있는 사람이라면 그 사람은 불신자일 수밖에 없다. 히스기야가 그런 일을 저지른 것이다. 히스기야가 언제부터 하나님 대신 자기 소유를 자랑하는 사람으로 변했을까? 다윗이 인구 조사를 한 것과 방불한 잘못이다.

결국 히스기야가 징계를 받게 된다. 히스기야가 자랑한 모든 것을 바벨론에게 빼앗기고 심지어는 히스기야의 자손 중에서 바벨론의 환관이 되는 사람도 있을 것이라고 했다. 이번에도 이사야를 통해서 그 메시지를 들었다. 아닌 게 아니라 이스라엘이 앗수르한테 망한 것처럼 유다는 나중에 바벨론한테 망하게 된다.

유다 왕 므낫세 ✡

히스기야를 이은 므낫세는 유다 역사상 재위 기간이 가장 긴 왕이다. 열두 살에 왕이 되어 55년 동안 왕위에 있었다. 하지만 치세는 엉망이었다. 그는 히스기야가 헐어버린 산당들을 다시 세웠다. 아합을 본받아서 바알을 섬겼으며, 아세라 목상을 만들고 또 일월성신을 섬겼다. 심지어 여호와의 전에 일월성신을 위한 단을 쌓기도 했다. 솔로몬도 인생 만년에 우상을 섬기기는 했지만 예루살렘 앞산에 산당을 지어서 거기서 섬겼다. 그런데 므낫세는 하나님의 성전에 우상을 갖다 놓고 섬기는 패역한 짓을 서슴지 않았다.

이런 므낫세의 행적은 도무지 구제불능으로 보인다. 하지만 하나님께서는 므낫세를 위해서 선지자들을 보내셨다. 므낫세 시대에 활동했던 선지자가 누구인지는 모르지만 하나님께서는 므낫세가 범죄했다고 해서 무작정 심판하신 것이 아니라 먼저 회개를 촉구하셨다. 하지만 므낫세와 유다 백성들이 듣지 않았다.

어쩌면 유다 백성들은 멸망을 보면서 자기들은 북 왕국과 다르다고 생각했을지 모른다. 하지만 하나님 앞에서는 모두가 똑같다. 하나님의 기준은 모두에게 동일하다. 하나님께서는 가나안 원주민을 벌하던 기준으로 이스라엘을 벌하셨고, 북 왕국을 가늠하던 기준으로 남 왕국을 가늠할 것이다. 혹시 함량 미달이면 동일한 심판을 받을 수밖에 없다.

급기야 앗수르의 침공을 받기에 이르렀고 므낫세가 포로가 된다. 왕이 포로가 될 지경이면 백성들은 어느 만큼 비참하게 되었는지 짐작조차 하기 어렵다.

므낫세가 그때서야 하나님을 찾았다. 하나님께서는 그 기도를 들으시고 그가 예루살렘에 돌아와서 다시 왕위에 있을 수 있게 은총을 베푸셨다. 그리고 므낫세는 자신의 잘못을 회개해서 모든 우상을 부수는 한편 백성들에게도 앞으로는 하나님을 섬기라고 했다.

만일 므낫세가 우상을 섬기다가 남의 나라에 포로로 잡혀간 것이 아니라 오히려 다윗 시대와 같은 영광을 구가했으면 그는 계속 우상 속에 파묻혀 지냈을 것이다. 므낫세한테는 다른 나라에 잡혀간 것이 차라리 다행이었다.

하나님을 떠나서 형통한 것은 복이 아니라 저주이다. 하나님을 외면했는데도 아무 탈이 없는 것이 복이 아니라 고난을 통해서라도 하나님께로 돌이키는 것이 복이다. 하나님을 하나님으로 깨닫기 위해서 므낫세는 너무도 많은 대가를 치렀다. 이런 므낫세가 어리석게 보인다면 우리는 조금이라도 빨리 하나님께 돌이키기를 힘써야 한다. 할 수 있으면 다른 나라에 포로로 잡혀가기 전에 정신을 차려야 하고, 기왕이면 하나님께서 선지자를 보내실 필요도 없이 알아서 정신 차려야 한다.

하지만 므낫세에 대한 성경의 평가는 인색하기 그지없다. 처음에는 죄에 빠졌지만 앗수르의 포로에서 돌아온 다음에는 하나님을 바로 섬긴 것 같은데 성경은 그의 '회개'보다 '악행'에 더 초점을 둔다. 포로에서 돌아온 직후에는 잠깐 정신을 차렸는데 다시 예전의 죄에 빠졌든지 혹은 그의 회개가 극히 미미했던 모양이다. 므낫세는 아하스, 아몬 등과 더불어 유다에서 가장 악한 왕으로 꼽힌다.

므낫세가 악한 왕이었다는 사실은 그의 출생 배경을 염두에 두면 더욱 씁쓸하다. 그가 어떻게 태어났는가? 그는 히스기야의 기도와 그에 대한 하나님의 은혜로 태어났다. 그의 존재 자체가 하나님의 응답이다. 그러니 평생 좌로도 우로도 치우치지 아니하고 하나님만 섬겨도 모자랄 것 같은데 오히려 악한 왕이 되었다. 하여간 하나님의 은혜를 헛된 것으로 만드는 쪽으로는 사람이 단연 으뜸이다. 하나님께 온갖 좋은 것을 다 받아 누리면서도 늘 말썽이다. 비단 므낫세의 얘기가 아니다. 우리가 바로 그렇다는 얘기다.

유다 왕 아몬 ✡

므낫세는 무려 55년간 왕위에 있었던 반면 므낫세를 이은 아몬은 고작 2년 동안 왕위에 있었다. 그에 대한 성경의 평가는 상당히 부정적이다. 그는 '그의 아버지 므낫세의 행함 같이 여호와 보시기에 악을 행한 사람'이다. 므낫세는 나중에 잠깐 돌이키기라도 했지만 아몬에게는 그런 모습도 없었다.

특히 아몬은 재위 기간이 2년밖에 안 되었다는 사실에 주목할 필요가 있다. 22세에 왕이 되어 24세에 죽었으니 그의 인생은 그야말로 일장춘몽이었을 것이다. 왕위에 올라 잠깐 부귀영화를 누리는가 싶더니 이내 신복들의 반란으로 죽고 말았다. 하나님 보시기에 악행을 범했으니 어떤 벌을 받더라도 할 말이 없었을 것이다.

그렇다고 해서 아몬을 죽인 사람들이 잘 했다는 뜻은 아니다. 그들 역시 백성들에게 죽임을 당했다. 비록 아몬이 하나님 보시기에 옳지 않은 사람이었지만 그런 아몬을 멋대로 판단하는 것 역시 하나님 보시기에 옳은 일이 아니다. 악한 사람이 있으면 그 사람을 대적하는 일은 무조건 옳은 일인 줄 아는 사람이 있는데 그렇지 않다. 심판은 오직 하나님이 행하신다.

므낫세는 회개하기라도 했지만 아몬은 갑자기 죽는 바람에 회개할 기회조차 없었는지 모른다. 교회 다니기를 권면하면 나중에 다닌다는 사람들이 더러 있다. 불신자만 그런 얘기를 하는 것이 아니다. 신자들 중에도 나중에 잘 믿겠다는 사람이 얼마든지 있다. 아몬은 그런 사람한테 훌륭한 경종이 될 수 있다.

우리의 종말이 언제인지 아무도 모른다. 사람들은 흔히 내일을 얘기하지만 우리한테 정말로 내일이 있는지 아무도 장담하지 못한다. 오늘 성실하게 살지 않으면 내일은 없을 수도 있다. 어쨌든 이렇게 해서 아몬의 아들 요시야에게 왕권이 넘어갔다. 므낫세와 아몬의 악행 속에서도 하나님께서는 다윗의 등불을 끄지 않으시고 친히 그 언약을 이루신다.

우리에게 하나님의 언약이 이루어진다면 그것은 전적으로 하나님의 은총이다. 다윗의 혈통을 보존하는 일에 다윗의 가문이 도움 되었던 적이 없었다. 우리라고 다를까? 하나님께서는 홀로 다윗의 가문을 이어가셔서 이 땅에 그리스도를 보내신 것처럼 우리 안에 허락하신 하나님의 언약도 그리스도의 날이 도래하기까지 하나님께서 이루실 것이다.

유다 왕 **요시야** ✡

유다에는 모두 20명의 왕이 있었는데, 그중에 '여호와 보시기에 정직히 행하였다'는 평가를 받는 왕은 아사, 여호사밧, 요아스, 아마샤, 아사랴, 웃시야, 요담, 히스기야, 요시야 여덟 명이다. 그중에서도 '다윗의 길로 행했다'는 평가를 듣는 사람은 여호사밧, 히스기야, 요시야뿐이다. 다윗은 그리스도를 예표하는 인물이다. 다윗의 길로 행했다는 얘기는 그리스도를 온전히 본받았다는 뜻이다. 여호사밧, 히스기야, 요시야를 가리켜서 유다의 3대 성군이라고 한다.

요시야는 8세에 왕위에 올랐는데 왕이 된 지 18년째 되던 해부터 성전을 수리하고, 성전 수리 중에 발견한 율법책을 토대로 대대적인 종교 개혁을 일으킨다. 8세의 어린 나이에 왕이 되었으니 왕권을 제대로 장악하지 못했을 것이다. 어쩌면 요시야는 종교 개혁을 단행할 수 있을 만큼 왕권이 확보되기를 기다리다가 즉위 18년 만에 실행에 옮겼는지도 모른다.

요시야의 우상 타파는 상당히 적극적이었다. 우상을 빻아 가루로 만들어서 우상을 섬기던 자들의 무덤에 뿌렸다. 살아생전에 우상을 섬겼으니 죽어서도 운명을 같이 하라는 조롱이다. 또 우상을 섬기던 제사장들의 뼈는 단위에 불살랐다. 우상숭배자들에 대한 하나님의 심판을 상징적으로 보여준 것이다. 우상 타파에 대한 그의 단호한 의지를 엿볼 수 있다.

이런 요시야의 종교 개혁은 남 왕국 유다에 그친 것이 아니라 옛 북 왕국의 영토까지 미쳤다. 북 왕국 이스라엘에서 항상 문제가 되었던 것이 여로보암이 세운 금송아지 우상이었다. 나라가 망할 때 금송아지 우상은 앗수르에게 강탈당했지만 단은 여전히 남아있었다. 요시야가 그것을 없앴다. 이 내용은 성경에 미리 예언되었다. 여로보암이 금송아지 앞에서 분향할 때 어떤 선지자가, 장차 다윗의 후손 가운데 요시야라 하는 사람이 제단을 부술 것이라고 하면서 '요시야'라는 이름까지 구체적으로 말했는데, 그 예언이 그대로 성취되었다.

흔히 사랑에는 국경도 없다고 하지만 하나님의 도성에서 우상을 몰아내는 일이야말로 국경이 따로 없다. 우리는 할 수 있는 대로 뜻이 하늘에서 이룬 것같이 땅에서도 이루어지게 하기를 힘써야 한다. '내 책임 아니다'라는 말만 할 수 있으면 되는 것이 아니다.

혹시 북 왕국이 멸망하기 전이었으면 북 왕국 우상들은 요시야 책임이 아닐 수 있다. 하지만 지금은 다르다. 북 왕국이라는 나라가 없어졌으니 그 땅에 산재한 우상을 부수는 책임이 저절로 요시야 몫이 되었다. 이 내용을 우리한테 적용하면 어떻게 될까? 혹시 주변에 자기 일을 제대로 챙기지 못하는 사람이 있으면 그 책임을 대신 감당할 수 있어야 한다. 억지로 떠맡는 것이 아니라 적극적으로 떠맡을 수 있어야 한다. 저 사람은 왜 저 모양이냐고 빈정대는 것은 예수 믿는 것이 어떤 것인지 모르는 사람이나 하는 소행이다.

이때 요시야가 부순 우상에는 솔로몬 당시에 건립된 것들도 있었다. 솔로몬은 요시야보다 300년 이상 앞선 사람이다.

솔로몬 이후로 요시야까지 항상 악한 왕만 있었던 것이 아니다. 아사나 웃시야, 요담 등도 비교적 선한 왕이었다는 평가를 받았고 특히 여호사밧이나 히스기야는 요시야와 마찬가지로 '다윗의 길로 행했다'는 평가를 받았다. 그런데도 솔로몬이 세운 우상이 그때까지 있었다. 한 번 잘못된 것을 고치는 것은 그만큼 어렵다.

전국에 있는 우상을 부순 다음에는 성전 수리에 착수했다. 밖에 있는 우상을 아무리 부쉈다고 해도 성전이 퇴락해 있으면 하나님의 영광은 나타나지 않는다. 요아스도 성전을 수리했지만 벌써 200년이나 지난 일이다. 그때 아무리 완벽하게 수리했다고 해도 요시야 왕에 이르는 동안 다시 퇴락했을 수밖에 없다.

특히 성경에서 말하는 진정한 성전은 건물이 아니라 우리 자신임을 명심해야 한다. 우리는 기회 있을 때마다 자신을 성찰해야 한다. 어쩌면 우리

심령에도 군데군데 더러워진 곳이나 마모된 곳이 있을지 모른다.

성전을 수리하던 중에 획기적인 일이 발생했다. 율법책을 발견한 것이다. 오래 전에 이사할 때의 일이다. 이사 갈 집 거실 장판이 어찌나 더러운지 사흘 계속 세제를 뿌려가면서 일일이 닦아내느라 고생한 적이 있다. 세제를 뿌려서 거실을 닦았다는 얘기는 '지금은 깨끗해졌다'는 뜻도 되지만 '그 정도로 심하게 더러웠다'는 뜻이 더 강하다.

성전을 수리하는 도중에 율법책을 발견했다는 얘기가 그렇다. '율법책을 찾아서 다행이다'라는 뜻일 수도 있지만 유다의 형편이 율법책을 잃어버릴 만큼 암울했다는 뜻이 더 강하다. 본래 율법은 매 7년마다 낭독하게 되어 있다. 율법책을 잃어버렸다는 것은 나라 전체가 하나님을 섬기는 일에 관심이 없었다는 뜻이다. 요시야가 왕이 되기 전 유다의 형편은 총을 잃어버리는 군인 같았고, 성경책을 잃어버리는 신자 같았다.

서기관 사반이 요시야 왕 앞에서 율법책을 읽자, 그 내용을 들은 요시야가 옷을 찢었다. 비통함이나 회개를 나타내는 동작이다. 심금을 울리는 명설교를 듣고 옷을 찢은 것이 아니다. 율법책을 낭독하는 것을 들었을 뿐이다. 요즘 말로 하면 성경 읽는 것을 듣고서 그처럼 비통해 했다.

어쩌면 우리는 말씀의 홍수 속에서 살아가고 있는 탓에 오히려 말씀에 무감각한 것인지도 모른다. 성경책 없는 집이 없고 교회 없는 골목이 없다. 주일낮예배, 찬양예배, 수요예배, 금요철야예배, 새벽예배 등 모든 예배마다 하나님의 말씀이 강론된다. 서점마다 설교집이 넘쳐나고 방송이나 인터넷을 통해서 유명한 목사의 설교를 입맛대로 골라 들을 수도 있다.

이런 여건 속에 있으면서 '요즘은 들을 설교가 없다'는 푸념을 한다. 차라리 모든 교회에서 일체의 예배를 폐하고 한 달에 한 번만 예배를 드릴 수 있게 하면 그런 말이 쏙 들어갈 것이다. 벙어리나 말더듬이가 설교를 해도 은혜를 받을 것이다.

칼빈이 제네바에서 목회를 하던 시절, 설교 시간에 조는 사람은 치리 대상이었다. 하나님 말씀이 선포되는데 조는 것은 불경하다는 이유였다. 그런데 요즘은 아무도 설교를 하나님 말씀으로 듣지 않는다. '하나님 말씀을 선포한다'는 표현을 쓰기는 하지만 입에 발린 표현에 불과하다. 말로는 하나님 말씀이 선포된다고 하면서 아무렇지도 않게 졸기도 하고, 심지어는 선포되는 하나님 말씀을 평가하기도 한다. 선포되는 하나님 말씀 앞에서 자기 옷을 찢어야 하는 줄은 모르고 남의 옷을 찢으려 드는 사람도 있다. '오늘 설교는 아무개가 들어야 한다'는 얘기를 아무렇지 않게 한다. 이 모든 것이 요시야가 율법을 들을 때와는 너무도 다른 모습이다. 격세지감을 얘기하고 지나가기에는 불신앙의 폭이 너무 크다.

요시야는 율법을 듣고 옷을 찢으며 애통해한 것으로 끝나지 않고 더 구체적인 내용을 찾았다. 여선지자 훌다에게 사람을 보내서 자기들이 무엇을 어떻게 해야 하는지 하나님께 물었다.

이때 훌다가 전한 내용은 상당히 경악스러웠다. 요시야가 하나님께 보인 정성과 열심으로 조만간 유다는 만세 반석 위에 올라설 것이라는 얘기를 들어야 할 것 같은데 전혀 엉뚱한 얘기를 듣는다. 유다는 하나님을 떠난 벌로 곧 망하고 요시야는 평안히 죽어 열조에게로 돌아간다는 것이다.

참으로 납득하기 어렵다. 물론 유다도 이스라엘처럼 하나님을 떠났던 것은 맞다. 하지만 요시야가 철저하게 회개하지 않았는가? 그동안의 잘못된 모습을 고쳐서 하나님께로 돌이키기로 작정했는데 왜 벌을 내리신단 말인가? 회개했는데도 용서받지 못하는 법은 없는 것으로 알고 있는데 유독 요시야 시대에는 하나님의 자비와 긍휼이 통하지 않는 것 같다. 그동안 누적된 죄가 너무 커서 요시야의 회개로도 하나님의 분이 풀리지 않는다는 말인가?

요시야는 유다 마지막 왕이 아니다. 요시야 이후로도 여호아하스, 여호야김, 여호야긴, 시드기야가 있었다. 그리고 이들 중에 하나님 보시기에 의로운 왕은 아무도 없었다. 유다는 요시야가 회개했음에도 불구하고 이미 일으킨 하나님의 진노 때문에 망한 것이 아니라 망할 만해서 망했다. 요시야가 아무리 하나님 앞에 바로 섰다고 해도 후대의 패역함을 대신할 수는 없는 노릇이다. 하나님께서는 하나님을 따르는 백성한테 상을 주는 것과 마찬가지로 하나님께 등을 돌린 백성한테는 벌을 주신다.

나중에 나오는 내용이지만 요시야는 애굽과의 전쟁에서 죽는다. 그런데 성경은 그런 요시야를 가리켜서 '평안히 묘실로 들어가게 할 것'이라고 했다. 전쟁에서 죽는 것을 놓고 '평안한 죽음'이라는 것이다. 하나님의 기준과 우리의 기준이 다르다는 사실을 다시 한 번 확인할 수 있다.

하나님께서 요시야한테 예비하신 은총은 나라가 이방의 말발굽에 짓밟히기 전에 하나님 나라에 가는 것이다. 우리 생각에는 하나님을 잘 섬겼으니까 주변 모든 나라를 다 정벌하고 아들, 손자, 며느리와 더불어 장수하면서 온갖 부귀영화를 누려야 할 것 같은데 하나님 생각은 그게 아니었다. 우리의 궁극적인 복은 이 세상이 아니라 다음 세상에 있다.

하여간 이런 훌다의 얘기를 들었으면 요시야가 어떤 반응을 보여야 할까? 그토록 애쓰고 노력했음에도 불구하고 자기는 조만간 죽고 나라도 망한다는 말을 들었으면 낙심천만하여 술로 세월을 보내든지, 하나님께 엎드려 목숨을 애걸해야 하지 않겠는가? 그런데 요시야는 묵묵히 종교 개혁을 추진했다. 자기가 죽는다는 사실에 아랑곳하지 않고 모든 백성을 모아놓고 율법을 들려주었다.

앞에서 히스기야는 자기가 죽는다는 사실을 알았을 때, 간절히 기도해서 생명을 15년 연장 받았다. 그런데 요시야는 자기 생명을 위해서 아무런 노력도 하지 않았다. 히스기야와 요시야의 행동에 신앙상의 우열이 있다고 생각하기는 어렵다. 히스기야는 자기가 오래 살고 싶어서 기도한 것이 아니라 하나님 나라를 위해서 기도한 것이었다. 예루살렘이 앗수르한테 포위된 위기 속에서 자기가 죽는 것도 그렇고, 후사 없이 죽어서 다윗의 혈통이 끊어지는 것도 그렇다. 하지만 요시야는 경우가 다르다. 하나님의 나라를 하나님의 나라로 바로 세우는 것에 일차적인 관심이 있었다.

종종 죽을병에 걸린 사람이 히스기야의 일화를 얘기하면서 기도하는 경우가 있다. 하나님께서는 얼마든지 우리 생명을 연장해 주시는 분이라는 것이다. 물론 하나님은 전능하신 분이다. 히스기야가 기도해서 생명을 연장받은 것도 사실이다. 하지만 무작정 기도하면 하나님이 살려주신다는 태도는 신앙적인 자세가 아니다. 죽을병에 걸린 사람이 살아나는 것만 기적이 아니라 제한된 육신에 갇혀 있던 우리가 영원한 나라의 백성이 되는 것도 기적이다. 믿음이 좋으면 죽을병이 낫는데 믿음이 안 좋아서 죽는 법은 없다. 우리는 사나 죽으나 우리 안에서 그리스도가 존귀하게 되는 것에 힘써야 하는 사람들이다. 그래서 요시야는 자기가 죽는다는 사실에 아랑곳하지 않고 모든 백성들을 모아놓고 율법을 들려주었다. 마음을 다하고 뜻을 다하고 성품을 다하여 하나님께 순종하는 것에 나라의 운명이 걸려있기 때문이다.

유감스럽게도 요시야의 이런 노력에도 불구하고 임박한 하나님의 진노를 돌이키지 못했다. 율법책을 발견한 것은 하나님의 심판이 임박했다는 사실을 확실하게 선포하는 효과만 있었다. 시험 문제를 미리 알았다고 해도 정답을 알아낼 재간이 없으면 시험 망치기는 매일반이다. 자기가 '돌대가리'라는 사실만 확인될 뿐이다.

요시야가 그다음에 추진한 일은 유월절을 지키는 일이었다. 앞서 히스기야도 대대적으로 유월절을 지켰다. 부패한 종교를 개혁하면서 가장 먼저 착수한 일이 '구원 얻은 백성의 정체성 확립'이었다. 요시야도 마찬가지였다. 이때 요시야가 유월절을 위하여 내놓은 예물은 무려 어린양, 어린 염소

3만과 수소 3천이었다.

하지만 히스기야가 지킨 유월절과 요시야가 지킨 유월절은 차이가 있다. 히스기야 때는 일반 백성들의 적극적인 참여가 있었는데 요시야 때는 요시야의 주도로 유월절이 지켜졌다. 유월절 행사 자체는 성대하게 치렀지만 백성들의 참여는 미미했다. 요시야가 죽은 후에 유다가 급격히 쇠약해지고 이내 멸망한 이유의 한 단면을 엿볼 수 있다. 요시야 당시의 유다 백성들은 그토록 성대한 유월절을 지켰으면서도 '요시야가 사는 날 동안'만 하나님께 복종했다.

요시야의 죽음은 실로 비극적이다. 당시 팔레스타인에서는 앗수르가 쇠락하고 바벨론이 일어나고 있었다. 바벨론이 앗수르를 완전히 제압하면 팔레스타인을 장악하는 것은 물론이고 애굽까지 넘볼 것이다. 애굽은 당연히 바벨론을 견제해야 했다.

하지만 요시야로서는 용납할 수 없는 일이었다. 애굽 세력이 팔레스타인에 미치는 것은 당연히 막아야 했다. 이렇게 해서 므깃도 전쟁이 벌어지고, 이 전쟁에서 요시야가 죽는다. 유다 멸망의 전조인 셈이다. 이제 유다는 앗수르 대신 애굽의 지배를 받는 처지가 된다.

평생 하나님께 헌신한 요시야의 최후가 허무하기 그지없다. 특히 성경 내내 하나님을 의뢰하면 이기고 하나님을 배반하면 지는 전쟁만 보다가 요시야가 애굽과 싸우다가 죽은 것은 의아하기까지 하다. 우리 생각에는 하나님의 사람 요시야가 담대하게 나아가서 애굽 군대를 무찌르고 나라를 만세 반석 위에 올려놓아야 할 것 같기 때문이다.

하나님께서는 그렇게 하지 않으셨다. 요시야는 하나님을 향해서 그토록 몸부림을 쳤지만 유다 백성 전체가 하나님께 돌아온 것이 아니었기 때문이다. 유다는 여전히 죄 가운데 머물러 있었다. 결국 하나님께서는 요시야로 하여금 나라가 망하기 전에 전사하게 했다. 그것이 하나님께서 요시야를 위하여 예비하신 은총이었다. 노아 시대에 노아를 위하여 방주를 예비하셨고, 소돔과 고모라에 유황불을 내리기 전에 롯을 피신시켰던 것처럼 요시야를 그렇게 구원하셨다. 그리고 유다는 점점 더 멸망으로 치닫게 된다.

요시야가 그렇게 노력했음에도 불구하고 자기의 의로움으로 자기 한 영혼만 구원했다. 유다를 구하지는 못했다. 이 사실은 일찍이 훌다를 통해서 예언되기도 했다. 요시야는 자기 노력과 관계없이 나라가 망한다는 사실을 알고 있었다. 그렇다고 해서 종교 개혁을 포기하거나 늦추지는 않았다. 자기가 할 수 있는 최선의 노력을 기울였다.

우리가 바로 그런 사람들이다. 우리는 이 세상이 심판으로 끝난다는 사실을 알고 있다. 우리가 아무리 힘쓰고 애써도 이 세상의 큰 흐름 자체가 하나님께로 돌아오지는 않는다. 그래도 그 흐름을 돌이키려는 노력은 계속해야 한다. 그것이 우리의 책임이다.

요시야가 죽었을 때 백성들이 얼마나 슬퍼했는지, 그의 죽음을 슬퍼하는 날을 규례로 만들 정도였다. 하지만 이때 백성들이 할 일은 요시야를 위해서 우는 일이 아니었다. 예수님께서 십자가를 지고 가실 적에 울면서 따라

오는 여인들에게 '나를 위하여 울지 말고 너희와 너희 자녀를 위하여 울라'고 하셨다. 그때 여인들은 십자가를 지고 가는 예수님이 불쌍해서 울었을 것이다. 그들이 정작 애를 태워야 할 것은 고통을 받으시는 예수님이 아니라 자기 자신인 것을 몰랐다. 예수님을 위해서 우는 것이 신앙이 아니라 자신을 돌아보는 것이 신앙이다.

한 가지 이상한 점이 있다. 요시야의 죽음을 애도하는 규례가 생길 정도로 백성들이 슬퍼했다는 것이 무슨 뜻인가? 다윗이나 솔로몬이 죽었을 때도 그런 얘기가 없었다. 요시야는 그만큼 존경받는 왕이었다.

그러면 문제가 심각해진다. 요시야가 인기가 없는 왕이어서 종교를 개혁하려는 그의 노력에 백성들이 미온적이었던 것이 아니다. 요시야는 좋아하면서도 하나님을 바로 섬기자는 요시야의 얘기는 듣지 않았다. 목사를 존경한다고 하면서도 정작 신앙생활에는 게으른 교인들의 모습을 당시 유다 백성에게서 찾아볼 수 있다.

각설하고 이렇게 해서 요시야가 죽었다. 그의 행적에 비하면 너무도 허망한 죽음이다. 여호사밧과 히스기야와 요시야, 유다의 3대 성군이라고 하는 그들을 통해서도 유다의 역사를 돌이키지는 못했다. 하물며 다른 왕들은 말할 것도 없다. 우리의 영원한 왕이신 그리스도가 오셔야 하는 이유가 너무도 분명하다.

유다 왕 **여호아하스** ✡

요시야에 이어서 여호아하스가 왕이 되는데 그의 재위 기간은 고작 3개월 이었다. 애굽의 느고가 그를 폐위하고 그의 형 엘리아김의 이름을 여호야김 으로 고쳐서 대신 왕으로 삼았기 때문이다. 신라 마지막 왕인 경순왕도 후 백제의 견훤이 세웠다. 견훤이 경애왕을 죽이고 경순왕을 세운 것이다.

여호아하스는 애굽으로 끌려가서 거기서 죽었다. 요시야가 죽었을 때 백 성들은 형인 엘리아김 대신 여호아하스를 옹립했다. 왜 그랬는지 이유는 모 른다. 그런데 애굽이 여호아하스를 폐하고 엘리아김을 왕으로 세웠다. 엘 리아김이 애굽 입맛에 맞았던 모양이다. 심지어 이름도 자기들 마음대로 고 쳤다. 엘리아김은 '하나님이 세우셨다'는 뜻이다. 여호야김도 뜻은 같다. 엘 리아김의 '엘(하나님)'을 여호와로 바꾼 것이기 때문이다. 이름의 뜻이 문제 가 아니라 왕의 이름을 애굽이 마음대로 좌우하는 것이 문제다.

애굽은 여호아하스를 폐하면서 벌금을 물리기도 했다. 전쟁이 끝나면 패전국에게 전쟁 보상금을 물리는 것은 근세까지도 있던 일이다. 하물며 고대에는 말할 것도 없다. 그런데 애굽이 유다에게 부과한 것은 전쟁 보상금이 아닌 벌금이었다. 벌금은 잘못한 일에 대한 징계의 의미로 부과되는 금전적 벌칙이다. 어쩌면 그때의 벌금은 전쟁에 패한 잘못이나 약소국이 강대국의 비위를 거스른 잘못이 아니라 하나님을 떠난 잘못에 대한 징계일 것이다.

하나님께서 이스라엘을 부르실 적에 그들은 애굽의 노예였다. 그런 그들로 홍해를 건너게 하시고 하늘에서 내린 만나와 반석에서 나온 물을 먹이시며 가나안 땅으로 인도하셨다. 그런데 800여 년의 세월이 흘러서 다시 애굽의 노예로 전락하고 말았다.

요시야 후에 여호아하스, 여호야김, 여호야긴, 시드기야 네 왕이 있었지만 어느 왕도 하나님 앞에 온전하지 못했다. 요시야가 죽은 후 유다는 급격히 쇠락의 길을 걷더니 결국 시드기야 때 망하고 말았다.

여호아하스나 여호야김, 여호야긴, 시드기야는 명색이 한 나라의 왕이었다. 그 나라에서 가장 높은 신분이다. 하지만 모두 이방 나라에게 수모를 받아야 했다. 이유는 단 하나, 하나님 보시기에 악을 행했기 때문이다. 비록 한 나라의 왕이라는 권세가 주어져도 하나님께 인정을 받지 못하면 그 권세가 도리어 수치로 변하는 법이다.

유다 왕 **여호야김** ✡

여호야김은 애굽에 의해 왕이 된 사람이다. 애굽을 상전으로 모셔야 했다. 하지만 애굽의 위세는 그리 오래 가지 못했다. 주전 605년 갈그미스 전투에서 바벨론에게 패했기 때문이다. 앗수르를 멸망시킨 바벨론은 애굽을 굴복시킨데 이어 팔레스타인과 아람 지역을 장악했다.

이때부터 여호야김은 3년 동안 바벨론을 섬겨야 했다. 당시 느부갓네살은 왕자의 신분으로 애굽과 맞싸우느라 가나안 땅에 머물러 있었다. 그런데 국왕 나보폴라살이 죽자, 왕위를 계승하기 위해서 잠시 본국으로 돌아갔다. 여호야김이 이를 국권 회복의 기회로 여긴다. 애굽과 연대해서 반(反)바벨론 정책을 쓴 것이다.

이 일이 도리어 패망을 자초하고 말았다. 여호야김한테 주어진 과제는 바벨론의 속박에서 벗어나는 일이 아니라 하나님을 떠난 죄에서 돌이키는 일이었다. 죄 문제를 해결하지 않고서는 어떤 수단과 방법을 동원해도 멸망에서 벗어나지 못한다. 결국 여호야김은 쇠사슬에 매여서 바벨론으로 잡혀가는 신세가 된다.

어느 정도 교회에 다닌 연륜이 있는 사람은 바벨론 포로 얘기를 들어보았을 것이다. 남 왕국 유다가 바벨론에 망하면서 전부 포로로 끌려간 것이다. 바벨론 포로는 단회적인 사건이 아니었다. 여호야김이 왕으로 있던 주전 605년에 1차 포로가 있었다. 다니엘과 그의 친구들이 이때 잡혀갔다. 주전 598년 여호야긴 왕 때 2차 포로가 발생하는데 에스겔이 이때 잡혀갔고, 시드기야 11년인 주전 586년에 나라가 망하면서 3차 포로가 발생한다. 백성들 대다수가 이때 끌려간다. 그것으로 끝나지 않았다. 나라가 망한 다음에도 한 번 더 바벨론 포로가 발생한다. 바벨론이 그달리야를 유다 총독으로 임명했는데 이스마엘이 그달리야를 살해하는 일이 벌어진다. 이때도 바벨론이 남은 백성을 잡아갔다. 주전 581년의 일이다.

여기에 반해서 포로 귀환은 세 차례에 걸쳐 일어났다. 고레스 칙령이 주전 538년에 있었는데 이때 스룹바벨의 인도로 1차 귀환이 있었다. 주전 458년에 에스라의 인도로 2차 귀환이 있었고, 주전 444년에 느헤미야의 인도로 3차 귀환이 있었다.

그러면 바벨론에서 70년 간 포로 생활을 했다는 얘기는 어떻게 되는 것일까? 아무리 조합을 맞춰 봐도 70년은 안 나온다. 그래서 성전을 기준으로 얘기하기도 한다. 주전 586년에 무너진 성전이 주전 516년에 재건되었으니 정확히 70년이라는 것이다. 듣는 사람에 따라서는 일리 있게 들리기도 하겠지만 억지 같은 느낌도 든다.

> 그 날부터 두로가 한 왕의 연한 같이 칠십 년 동안 잊어버린 바 되었다가 칠십 년이 찬 후에 두로는 기생의 노래 같이 될 것이라 잊어버린 바 되었던 너 음녀여 수금을 가지고 성읍에 두루 다니며 기묘한 곡조로 많은 노래를 불러서 너를 다시 기억하게 하라 하였느니라 칠십 년이 찬 후에 여호와께서 두로를 돌보시리니 그가 다시 값을 받고 지면에 있는 열방과 음란을 행할 것이며(사 23:15-17)

하나님께서 두로를 70년 동안 벌하시겠다고 하셨다. 이때의 70년은 정말로 70년이 아니다. 완전수 7에 많다는 뜻의 10을 곱한 것이다. 하나님께서 충분히 오랜 기간 두로를 벌하시겠다는 뜻이다. 이스라엘의 바벨론 포로 70년도 그런 뜻이라고 보는 것이 더 자연스럽다. 하나님은 유다 백성의 불순종에 대한 죗값을 완전히 치르게 하셨다.

어쨌든 이처럼 네 차례에 걸쳐 일어난 바벨론 포로의 시작이 여호야김 때였다. 애굽에 의해 왕위에 오르고 바벨론에 의해 왕위에서 축출된 그의 신세가 가련하기 그지없다. 유다가 하나님을 떠났더니 애굽에게만 시달린 것이 아니라 바벨론에게도 시달렸다. 이때 바벨론은 성전 기구들도 바벨론에 있는 신당으로 옮겨갔다. 유다가 하나님을 떠났더니 하나님도 유다를 떠나 시대라는 사실을 상징적으로 보여준다.

여호야김이 하나님 보시기에 어떤 악행을 했는지는 모른다. 성경도 그에 대한 구체적인 설명은 하고 있지 않다. 하지만 별로 중요한 문제가 아니다. 영어 때문에 시험을 망쳤든, 수학 때문에 시험을 망쳤든 시험을 망친 것은 매일반이다.

여호야김의 행적 중에 성경에 기록된 일이라고는 바벨론의 침공을 유발한 일뿐이다. 물론 자기 딴에는 국가와 민족을 위해서 벌인 일이었을 것이다. "나는 조만간 죽을 사람이니 다른 사람들을 골탕 먹이기 위해서 죽기 전에 사고나 치자"라는 생각으로 그런 일을 벌였을 리는 만무하다.

하지만 "자기가 어떤 것을 의도했느냐?"와 "자기가 한 일이 어떤 결과를 초래했느냐?"는 전혀 별개의 문제다. 가시나무에서 포도를 따지 못하고 엉겅퀴에서 무화과를 따지 못하는 것처럼 좋은 나무가 아니면 좋은 열매를 맺을 수 없다. 우리는 좋은 열매를 맺기 위해서 애쓰기 이전에 먼저 좋은 나무가 되어야 하는 사람들이다. 자기가 하나님 앞에 바로 서기 전에는 무엇을 하든지 선한 결과가 나오지 않는다.

유다 왕 **여호야긴** ✡

여호야김을 이어 여호야긴이 왕이 되었다. 이미 국운은 기울대로 기운 상태였다. 여호야긴도 하나님을 떠난 왕이었다는 뜻이다. 유다 역사를 위해서나 개인의 영혼을 위해서나 아울러 불행한 일이다.

여호야긴 역시 바벨론의 침공에 시달렸다. 처음에는 애굽의 지원을 기대하면서 버텼지만 느부갓네살이 직접 전투에 참가하자, 항복하는 수밖에 도리가 없었다. 이렇게 해서 여호야긴은 재위 석 달 만에 바벨론으로 포로로 끌려가는 신세가 되고 만다. 왕궁과 성전의 모든 보물도 다 빼앗겼고, 빈천한 자 외에는 백성들도 전부 포로가 되었다. 여호야김 때의 1차에 이은 2차 포로다. 이때 여호야긴을 잡아간 바벨론은 시드기야를 왕위에 앉혔다. 시드기야가 유다의 마지막 왕이다.

여호야긴은 재위 기간이 석 달밖에 되지 않는다. 석 달 사이에 무슨 악행을 저지를 수 있겠는가? 그나마 그 석 달은 바벨론의 침공에 시달린 석 달이다. 결국 하나님 보시기에 악한 것은 행위의 문제가 아니라 존재의 문제다. 기독교는 "그가 어떤 일을 했느냐?"로 따지지 않고 "그가 어떤 사람이냐?"로 따지는 종교다. 요컨대 to do가 아니라 to be이다.

충남 보령에 갈매못 천주교 성지가 있다. 병인박해 때 제5대 천주교 조선교구장 앙트완 다블리 주교를 비롯한 다섯 명이 참수당한 곳이다. 갈매못 성지 기념관 입구에는 앙트완 다블리 주교의 좌우명이 기록되어 있다. "예수님을 가진 자가 모든 것을 가진 자다." 물론 이 얘기는 뒤집어도 성립한다. 예수님이 없는 사람은 아무것도 없는 사람이다. 그가 어떤 일을 하든지 관계없다. 존재 자체가 무의미하다.

유다 왕 **시드기야**   ✡

시드기야는 여호야긴의 숙부로 맛다니야가 본래 이름이다. 느부갓네살이 여호야긴을 대신하여 맛다니야로 왕을 삼으면서 이름을 시드기야로 바꿨다. 애굽이 엘리아김을 왕으로 세우면서 이름을 여호야김으로 바꾼 적이 있는데 그런 일이 또 벌어졌다. 하나님의 백성으로 왕 같은 제사장의 지위를 누려야 할 유다가 한낱 이방 나라의 노예로 전락하고 말았다. 참으로 수치스런 일이다.

시드기야 역시 하나님 보시기에 악한 왕이었다. 애굽에 의해서 세워진 왕(여호야김)이나 세습이라는 정상적인 절차에 의해서 세워진 왕(여호야긴)이나 바벨론에 의해서 세워진 왕(시드기야)이나 전부 마찬가지였다.

여호야김과 여호야긴, 시드기야에게는 공통점이 있다. 셋 다 바벨론에 항거했다는 사실이다. 여호야긴은 바벨론에 포로로 잡혀갔기 때문에 그런 일이 없었지만 여호야김과 시드기야는 처음에는 바벨론을 섬기다가 나중에 태도를 바꿨다. 그리고 그 일 때문에 비참한 최후를 맞았다. 강대국의 압박에 시달리는 약소국 왕이라서 별 수 없는 일인 것 같지만 그렇게 단순한 얘기가 아니다.

일찍이 예레미야 선지자가 애굽을 의지하지 말고 바벨론에게 항복하라는 내용을 반복해서 전했다. 하나님께서 유다의 죄악을 벌하는 몽둥이로 바벨론을 선택했으니 부모에게 회초리를 맞는 심정으로 바벨론에게 항복하는 것이 바른 처신이었다. 하지만 시드기야는 끝까지 친 애굽 정책을 고수했다. 애굽의 힘을 빌려 바벨론의 압제에서 벗어나려는 것이 시드기야의 의도였다. 하지만 그것은 외교 정책에 대한 문제가 아니다. 성경에서 애굽은 세상의 상징이다. 하나님께 범죄했으면서 벌을 받지 않으려고 세상에 의지한 것이 친 애굽 정책으로 나타난 것이다.

결국 시드기야 11년에 나라가 망하고 말았다. 이때 시드기야는 몰래 성을 빠져나와 여리고까지 도망했지만 바벨론 군사의 추격을 피할 수는 없었다. 급기야 바벨론 왕 앞에 끌려가는 신세가 되었고 아들들이 목전에서 죽는 것을 봐야 했다. 시드기야 나이 서른 두 살의 일이다. 그러면 그의 두 아들은 열 살 안팎이었을 것이다.

바벨론은 시드기야를 무척 잔인하게 대했다. 두 눈을 뺀 다음 사슬로 결박해서 포로로 끌고 갔다. 시드기야가 자기 눈으로 마지막 본 것이 두 아들이 죽는 모습이었다는 뜻이다. 어쩌면 시드기야는 인간이 겪을 수 있는 가장 극심한 고통을 겪은 사람일 수 있다. 하나님 뜻대로 살지도 않고 하나님의 징계도 외면하려는 자의 종말은 이처럼 비참할 수밖에 없다.

유다의 패망이 시드기야 개인의 비극으로 끝날 리 없다. 예루살렘도 몰락했고 성전도 파괴되었다. 성전이 부서지는 것을 보는 유다 백성들은 상당한 충격을 받았을 것이다. 하나님의 성전이 이방인에 의해 더럽혀지는 일이 어떻게 해서 있을 수 있단 말인가? 대체 어떻게 된 영문이냐고 하늘을 우러러 통곡했을 것이다. 하지만 명심해야 할 사실이 있다. 하나님이 계시지 않아서 이런 일이 일어난 것이 아니라 하나님이 계시기 때문에 이런 일이 일어났다는 사실이다.

성경에는 우상이 파괴되는 내용이 여러 차례 나온다. 모세가 금송아지 우상을 부쉈고 기드온은 바알의 단을 부쉈다. 히스기야와 요시야, 심지어 예후도 우상들을 깨뜨렸다. 그런 일이 일어난 이유는 우상이 실제로 존재하지 않기 때문이다. 바알이나 아세라는 실제로 존재하는 신이 아니기 때문에 자기들의 상이 훼멸 당해도 아무런 말이 없는 것이 당연하다.

예루살렘 성전은 경우가 다르다. 하나님이 계시지 않기 때문에 그런 일이 일어난 것이 아니라 하나님이 계시기 때문에 그런 일이 일어났다. 성전이 성전 구실을 못하는 것을 하나님께서는 수수방관하지 않으셨다.

왕이 능욕 당하고 예루살렘이 무너지고 성전이 부서졌는데 백성들이라고 해서 온전할 수 없다. 나라가 망하는 난리 속에 죽지 않은 사람들은 죄다 포로로 잡혀갔다. 유다 백성들의 처지가 실로 초라하기 그지없다. 본래 그들이 거주하는 땅은 하나님께서 아브라함 때부터 약속하신 땅이다. 그런데 하나님의 약속이 있는 땅에 거주하는 것조차 이방 왕의 허락이 있어야만 가능한 신세가 되었다.

남북 왕국이 모두 망했다고 해서 하나님께서 이 세상 역사의 문을 닫은 것은 아니다. 성경은 유다의 멸망을 놓고 "유다가 하나님을 떠나 살더니 급기야 망하고 말았더라"라고 하지 않고 "이에 토지가 황무하여 안식년을 누림같이 안식하여 70년을 지내었으니 여호와께서 예레미야의 입으로 하신 말씀이 응하였더라(대하 36:21)"라고 한다. 땅을 경작할 사람이 없으니 땅이 버려질 것은 당연한데 한 나라가 망한 상황에서 이런 얘기를 왜 하는지 의아할 수 있다.

율법에는 안식일만 있는 것이 아니라 안식년도 있다. 사람이 엿새를 일하면 하루 쉬어야 하는 것처럼 땅은 6년을 경작하면 한 해를 쉬어야 한다. 사람한테 안식일이 적용되는 것처럼 땅에는 안식년이 적용된다. 하지만 하나님 말씀을 떠나 살아서 결국 망한 유다 백성들이 안식년 규정을 지켰을 리는 만무하다. 그런데 나라가 망하고 다른 나라에 포로로 잡혀가는 바람에 별 수 없이 땅이 안식하게 되었다. 어머니가 아무리 집에 붙어 있으라고 해도 늘 밖으로만 쏘다니던 아이가 다리가 부러지는 바람에 집에 붙어 있게 된 것처럼 유다도 그렇게 되었다.

하나님께서 유다를 징계하는 것은 화풀이가 아니라 그들을 고치고자 함이다. 질병을 내려도 말을 듣지 않고 이방 민족의 압제가 있어도 말을 듣지 않으면 하나님께서는 억지로 하나님의 규례를 지키게 할 수밖에 없다. 그래서 이방 나라에 포로로 잡혀가게 하셨다. 포로로 잡혀가서 땅을 경작할 사람이 없게 되면 땅은 자동적으로 안식을 누리게 된다.

우리는 우리를 포기할지라도 하나님은 우리를 포기하지 않으신다. 바벨론 포로 생활 70년이 부정적으로는 그들이 하나님을 떠난 것에 대한 보응이지만 적극적인 의미로는 그들이 하나님의 규례를 지킨 기간이 된다. 우리가 하나님께 순종하지 않으면 하나님은 우리를 저버리시는 것이 아니라 억지로라도 우리를 하나님의 뜻에 굴복시키신다. 하나님께서는 예레미야를 통해서 이 모든 것을 예언하셨다. 유다가 아무리 패역할지라도 하나님은 그들을 하나님의 백성으로 돌이킬 방도를 마련하고 계셨다.

한편 느부갓네살은 유다 땅에 남은 자들을 통치하기 위해서 그달리야를 방백으로 삼았다. 그달리야는 미스바에 본부를 두고 유다 땅에 남아 있는 사람들을 모아서 바벨론의 통치를 받아들일 것을 권했다. 목숨을 부지하기 위해서 현실을 인정하자는 얘기였는지, 하나님의 징계에 순응하자는 얘기였는지는 모르지만 그달리야는 친 바벨론주의자였다. 바벨론이 세운 방백이니 당연한 일이다.

남아 있는 모든 사람이 그달리야를 지지한 것은 아니었다. 왕족 이스마엘과 그를 따르는 사람들이 그달리야와 함께 하는 사람들을 죽이고 애굽으로 피신했다.

이스마엘이 그달리야를 죽인 이유는 알 수 없다. 왕족인 자기를 제치고 유다 땅의 실권을 장악한 것에 분노했을 수도 있다. 하지만 그달리야를 죽인다고 해서 자기가 정권을 잡을 수 있는 것도 아니었다. 그달리야를 죽이면 자기는 바벨론을 피해서 도망가야 한다. 아마 이스마엘의 눈에는 그달리야가 매국노로 보였을 것이다. 나라를 바벨론에 팔아넘긴 대가로 호의호식하는 반역자로 보였을 수 있다.

이 얘기는 그리 간단하지 않다. 성경에서 애굽은 세상을 상징한다. 이스라엘이 애굽의 노예였다가 구원을 얻었다. 또 바벨론은 하나님의 징계의 손길이다. 결국 이스마엘은 하나님의 징계를 싫어해서 구원 얻기 전 상태로 돌아간 사람이다. 하나님의 간섭을 받으면서 구차하게(?) 사는 것보다 차라리 예수를 믿지 않는 편이 낫다고 생각하는 사람이 얼마든지 있다. 이스마엘이 그런 사람이었다. 이스마엘은 그것을 '애국'이라는 허울을 내세워서 그렇게 했지만 요즘은 주로 인본주의나 합리주의를 내세워서 그렇게 한다. 말은 그럴 듯하게 이치나 논리를 따지는데 속셈은 하나님이 싫다는 것이다.

세월이 지났다. 여호야긴이 감옥에 갇혀 지내는 동안 바벨론 왕이 바뀌었다. 새로 왕이 된 에윌므로닥은 여호야긴한테 무척 우호적이었다. 일설에 의하면 왕자 시절에 아버지한테 밉보여 감옥 생활을 한 적이 있는데 그때 여호야긴과 사귀었다고도 하고, 혹은 당시 바벨론에 있던 다니엘 등에게서 상당한 감화를 받았기 때문이라고도 한다. 구체적인 사연은 모르지만 여호야긴의 처지가 확연하게 달라진 것은 분명하다. 당시는 바벨론이 세계 최강대국이었기 때문에 포로로 잡혀온 다른 나라 고관대작이 한둘이 아니었는데 유독 여호야긴만 특별 대접을 받았다.

이 사실은 장차 유다 백성이 어떻게 될 것인지에 대한 복선일 수 있다. 감옥에 갇혀 있던 여호야긴이 어느 날 갑자기 풀려난 것처럼 유다 백성들도 어느 날 갑자기 풀려날 것이다. 비록 젖과 꿀이 흐르는 땅에서 쫓겨나서 낯선 땅에서 포로 생활을 하고 있지만 하나님께서 그들을 영구히 버리시지는 않을 것이다. 그런 하나님의 계획이 여호야긴을 통해서 암시되고 있다.

죄수 복장으로 감옥에서 지내다가 하루아침에 바벨론 왕의 호의를 입게 된 여호야긴은 그것만으로 감지덕지했을 것이다. 하지만 장차 우리가 받을 대접은 그 정도가 아니다. 주님께서 친히 우리 원수의 목전에서 우리에게 상을 베푸시고 우리 머리에 기름을 바르셔서 우리의 잔을 넘치게 하실 것이다. 우리는 그런 복된 소망을 갖고 있는 사람들이다.

그것이 전부가 아니다. 하나님께서 약정하신 70년이 지났다. 유다를 정복한 바벨론이 바사에 패망함에 따라 유다의 운명도 바벨론에서 바사로 넘어갔다. 바사 왕 고레스가 난데없는 칙령을 반포한다. 유다 백성들은 고국으로 돌아가라는 것이다. 유다 백성들로서는 꿈을 꾸는 것 같았을 것이다. 흔히 2차 출애굽이라고 한다. 그 옛날 애굽에서 아무 공로 없이 구원을 얻더니 이번에도 아무 공로 없이 구원을 얻었다. 하나님께서 우리를 구원하신 은혜가 어떤 은혜인지 그대로 보여준다. 바로 여기에 우리의 소망이 있다.

이때 고레스는 "예루살렘에 성전을 건축해야 하기 때문에 하나님의 백성들은 다 돌아가라"고 했다. 바벨론에 잡혀갔다가 돌아온 사람들의 소임이 있다면 예루살렘에 성전을 건축하는 일이다. 우리가 바로 그렇다. 우리는 성전을 건축해야 하는 사람들이다. 성경에서 말하는 성전은 언제나 우리의 몸을 뜻한다. 우리가 하나님으로 말미암아 구원을 얻었으면 이제부터는 진정한 성전인 우리를 건축하는데 전력을 다해야 한다. 바벨론 포로에서 돌아온 사람이 성전 건축에 관심이 없으면 말이 안 되는 것처럼 하나님의 은혜로 구원 얻은 우리가 하나님의 백성답게 살지 않으면 그 또한 말이 안 된다.

성경에는 상당히 많은 왕이 등장한다. 다윗과 솔로몬 이후에 남 왕국 유다에만 해도 르호보암, 아비야, 아사, 여호사밧, 여호람, 아하시야, 요아스, 아마샤, 웃시야, 요담, 아하스, 히스기야, 므낫세, 아몬, 요시야, 여호아하스, 여호야김, 여호야긴, 시드기야 등의 왕이 있었다. 아하스, 므낫세, 아몬 같은 악한 왕도 있었지만 여호사밧이나 히스기야, 요시야처럼 선한 왕도 있었다. 하지만 성공한 왕은 아무도 없다. 우리의 영원한 왕 그리스도께서 오시기까지 그 어떤 왕이 있어도 우리에게는 부족하다. 그리스도께서 우리의 영원한 왕으로 오시는 날, 우리는 바벨론 왕이 여호야긴의 머리를 들게 하는 것과는 비교도 할 수 없는 영광을 누리게 될 것이다. 여러분에게는 정녕 그런 소망이 있는가?

그런 소망이 있다고 대답만 하는 것으로는 부족하다. 주의 날을 기다리는 것은 절대 소극적인 행위가 아니기 때문이다. 황지우 시인이 쓴 〈너를 기다리는 동안〉이라는 시가 있다. 끝부분이 이렇다.

아주 먼 데서 나는 너에게 가고

아주 오랜 세월을 다하여 너는 지금 오고 있다.

아주 먼 데서 지금도 천천히 오고 있는 너를

너를 기다리는 동안 나도 가고 있다.

남들이 열고 들어오는 문을 통해

내 가슴에 쿵쿵거리는 모든 발자국을 따라

너를 기다리는 동안 나는 너에게 가고 있다.

　연애 시절, 주로 다방에서 만나곤 했다. 애인을 기다리는 동안에 할 수 있는 일은 아무것도 없었다. 마냥 기다리는 것뿐이다. 하지만 주님을 기다리는 것은 그렇지 않다. 가만히 있는 것이 아니라 우리도 주님께로 다가가야 한다. 주님이 우리한테 오시는 것처럼 우리 역시 주님께로 가야 한다. 그리고 결국 만날 것이다. 우리한테는 그런 소망이 있다.

나가는 말

　성경에 가득한 것은 이스라엘의 불순종에 대한 기록입니다. 그런 불순종 끝에 북 왕국은 앗수르한테, 남 왕국은 바벨론한테 망하고 말았습니다. 북 왕국은 그것으로 나라가 없어져 버렸지만 남 왕국은 그렇지 않습니다. 나중에 바벨론 포로에서 돌아오게 됩니다. 바벨론을 무너뜨린 바사 왕 고레스가 칙령을 반포한 것입니다.

　하지만 이스라엘의 신세는 여전히 고달팠습니다. 바벨론에서 바사, 바사에서 헬라, 헬라에서 로마로 계속 상전이 바뀌었으니 그럴 만도 합니다. 그런 시기를 보내면서 서서히 메시야 대망 사상이 싹틉니다. 언젠가 다윗의 후손 가운데 메시야가 와서 자기들을 구원해준다는 것입니다.

　아무런 근거 없는 소망이 아닙니다. 일찍이 하나님께서는 다윗의 나라를 영원히 견고하게 해주시겠다고 약속하신 바 있습니다. 물론 그리스도의 나라를 말하지만 이스라엘은 다윗 왕조가 영원할 것으로 알아들었습니다. 그런데 자기들은 다른 나라의 속국으로 지내고 있습니다. 하나님 말씀이 이루어지려면 다윗의 후손 가운데 자기들을 다스릴 왕이 나와야 합니다. 다윗 왕조가 다시 부흥해야 합니다. 그래서 메시야를 기다렸습니다.

그들이 기다린 메시야는 단순한 구세주가 아니었습니다. 구세주이면서 왕이었습니다. 자기들을 이방의 압제에서 구원해주는 것은 물론이고 자기들을 다스리기도 해야 합니다. 구원만 하고 가버리면 자기들은 또 이방의 노예로 전락할 수 있습니다.

그래서 예수님이 태어났을 때 천사가 목자들한테 "오늘 다윗의 동네에 너희를 위하여 구주가 나셨으니 곧 그리스도 주시니라"라고 했습니다. 예수님은 구주(Saviour)인 동시에 주(Lord)입니다. 구원만 하시는 분이 아니라 다스리기도 하십니다.

기독교 신앙을 고백하는 사람은 누구나 예수님이 구세주라고 합니다. 예수님이 구세주라서 자기가 구원 얻었다는 것입니다. 그래서 그 예수님께 순종하고 있느냐고 물으면 말을 얼버무립니다. 예수님이 구원만 하고 다스리지는 않는 모양입니다.

각설하고, 이스라엘에는 구원만 하고 다스리지는 않는 메시야 개념이 없었습니다. 그들은 자기들을 구원하고 다스려줄 메시야를 기다렸습니다. 구원과 통치가 하나로 묶여 있었습니다. 반쪽짜리 구원은 구원이 아닙니다.

　어쩌면 우리한테 필요한 고백은 예수님이 우리 구세주라는 고백보다 예수님이 우리 왕이라는 고백일 것입니다. 우리가 이미 교회 안에 들어와 있는 사람이라면 정녕 그렇습니다. 신앙생활에 만족이 없다면 이유는 단 하나, 예수님이 왕이 아니기 때문입니다. 예수님께 왕좌를 내어드리지 않았기 때문입니다. 명멸하는 이스라엘 왕들의 기록을 보면서 우리가 배워야 할 교훈이 있다면 예수님이 우리 왕이라는 사실입니다. 영원 전부터 영원 후까지 예수님이 우리 왕입니다. 예수님을 왕으로 모신 사람이 진정 하나님의 백성입니다.

하룻밤에 읽는 이스라엘 왕조실록

초판 1쇄 발행 2018. 10. 22.
　　 2쇄 발행 2019. 06. 01.

지은이　강학종
펴낸이　방주석
펴낸곳　베드로서원
주　소　10252 경기도 고양시 일산동구 고봉로 776-92
전　화　031-976-8970
팩　스　031-976-8971
이메일　peterhouse@daum.net
창립일　1988년 6월 3일
등　록　(제59호) 2010년 1월 18일

ISBN　978-89-7419-368-3 03230

책값은 뒤표지에 있습니다.

베드로서원은 말씀과 성령 안에서 기도로 시작하며
영혼이 풍요로워지는 책을 만드는 데 힘쓰고 있으며,
문서선교 사역의 현장에서 세계화의 비전을 넓혀가겠습니다.

나의 힘이신 여호와여 내가 주를 사랑하나이다(시 18:1)